Zentralstelle Österreichischer Landesjagdverbände | Wien

ZENTRALSTELLE ÖSTERREICHISCHER LANDES-JAGDVERBÄNDE
Wickenburggasse 3
A-1080 Wien

Telefon + 43 (0) 1 / 405 16 36
Telefax + 43 (0) 1 / 405 16 36 - 28

Wildbret - ein Qualitätsprodukt aus freier Natur: Die wunderbare und intakte Natur Österreichs ist nicht nur ein Garant für eine hohe Lebensqualität in diesem Land, sie lässt auch einen großen Artenreichtum an heimischem Wild entstehen.
In den 11746 Jagdrevieren Österreichs nutzen gut ausgebildete Jäger den Überschuss, die so genannten „Zinsen der Natur", nach dem Prinzip der Nachhaltigkeit. Dabei wird ein höchst wertvolles Lebensmittel gewonnen, das der Nachfrage der ernährungsbewussten Konsumenten gerecht wird. Das Wildbret stammt von Tieren, die in freier Natur ihren Standort und auch ihr Futter selbst und uneingeschränkt auswählen können. Von den Fachleuten wird dies „selektive Nahrungsselektion" genannt, die wiederum ausschlaggebend für die Aromabildung des Fleisches ist. Wildtiere legen pro Tag zwischen zwei und 30 Kilometern an Strecke zurück. Dadurch wird ihre Muskulatur optimal ausgebildet und durchblutet. Die Zartheit und der Geschmack machen das Wildfleisch zu einer Delikatesse, die von immer mehr Menschen geschätzt wird.
Man kann und muss besonders die Qualität des heimischen Wildbrets hervorheben: Es ist fettarm, nährstoffreich, reich an Proteinen, feinfasrig und wohlschmeckend – Wildbret passt damit ausgezeichnet in den Speiseplan einer gesunden und ausgewogenen Ernährung. Wildfleisch ist zudem besonders reich an Eiweiß und sein Proteingehalt übertrifft den des Fleisches der Schlachttiere. Diese Art von Eiweiß ist darüber hinaus ein Verwertungsgrad für den Aufbau unseres körpereigenen Eiweißes, da es von überdurchschnittlicher biologischer Wertigkeit ist.
Für den hohen Genusswert und die besondere Zartheit von Wildbret sind dessen geringer Bindegewebsanteil und die spezifische Beschaffenheit der dünnfasrigen Muskulatur ausschlaggebend. Wildfleisch entspricht damit auch den Parametern unserer Zeit, die da lauten:

„natürlich“, „biologisch“, „aus Freiland-Haltung“, „artgerecht“, „ab Hof“, und „fettarm“. All die Erfordernisse dieser Prädikate kann Wildbret, aus heimischen Revieren und frisch vom Jäger, im wahrsten Sinne des Wortes von Natur aus erfüllen!

Durch das Erlegen bei der Jagd, stressfrei und auf natürliche Weise vom Jäger aus dem Revier entnommen, fallen auch lange Transportwege weg und damit erfüllt das heimische Wildbret alle Anforderungen an die wichtige „ethische Qualität“ eines modernen Nahrungsmittels.

Erfreulicherweise stieg der pro Kopf-Verbrauch von Wildbret in Österreich in den letzten zehn Jahren auf mehr als ein halbes Kilo pro Jahr. Im Vergleich zu rund 40 Kilogramm Schweinefleisch (pro Kopf und pro Jahr) ist dies noch gering. Trotzdem stimmt der positive und stetig wachsende Trend die Jäger optimistisch.

Um zu garantieren, dass nur einwandfreies Wildbret in den Handel kommt, untersuchen speziell ausgebildete Jäger jedes Stück Wild auf eine gesetzlich festgelegte Art und Weise und dokumentieren diese Untersuchung auf dem Wildbret-Anhänger, der auf jedem Stück Wild anzubringen ist. Zusätzlich wird künftig Wild aus freier Wildbahn mit einem speziellen Anhänger als solches gekennzeichnet sein, um sich deutlich von landwirtschaftlich gehaltenem Zucht- bzw. Gatterwild und von Importware abzuheben.

Der Zentralstelle Österreichischer Landesjagdverbände ist es ein besonderes Anliegen, dem Konsumenten die Vorteile von Wildbret aus freier Wildbahn aufzuzeigen, da die österreichischen Jäger mit einem Produkt aus den heimischen Wäldern auf jeden Fall mit der besseren Qualität aufwarten können. Von Importen, meist aus Neuseeland, China oder Argentinien, will sich die heimische Jägerschaft mit ihrem Wildbret stark unterscheiden.

Wildfleisch kann in Österreich ganzjährig frisch angeboten werden. Die beste Zeit, vor allem für Rehwild, ist vom 1. Mai bis 31. Dezember, bei Schwarzwild (Wildschweinen) sogar das ganze Jahr über.

Wildfleisch gilt in vielen Haushalten – übrigens völlig zu Unrecht – als „Winteressen“ oder als schwer zuzubereiten, dabei lässt sich Wildbret ganz genauso wie jede andere Fleischart in verschiedenster und unkomplizierter Form zubereiten: als Braten, zum Kurzbraten, zum Grillen, als Fondue, als Ragout, als Pastete ... Der Form und dem Genuss sind keinerlei Grenzen gesetzt!

Wien ist eine Stadt. Wien ist sogar eine Weltstadt. Eine der kleinsten, aber immerhin. Und Wien hat derzeit ein internationales Ranking von Platz 3 puncto Lebensqualität. Dafür sorgen die breiten Grüngürtel rund um die Stadt, beginnend vom Bisamberg, über die Donauauen, dem Gebiet des Praters bis hin zum Lainzer Tiergarten und dem Wienerwald. Um diesen lebendigen Grüngürtel zu bewahren, wurden diverse Schutzmaßnahmen entwickelt, damit die Wälder, Wiesen und alle anderen Grünzonen weiterhin nicht nur den Wienern als Erholungsraum, sondern auch den dort lebenden Tieren als Lebensraum zur Verfügung stehen können. Natürlich sind die Jagdzonen innerhalb einer Stadt ziemlich begrenzt, dennoch verweist Wien auf eine Jagdfläche von rund 14 196 Hektar. Das bedeutet, dass 41,8 Prozent der Gesamtfläche Wiens (41 488,6 Hektar) aus Grundflächen besteht, auf denen die jagdgesetzlichen Bestimmungen des Wiener Jagdgesetzes gelten. Zur Vertretung der Interessen der Jagd in Wien ist der Wiener Landesjagdverband berufen. Er besteht aus der Gemeinsamheit der Besitzer von Landesjagdkarten. Er ist eine Körperschaft öffentlichen Rechts und hat seinen Sitz in Wien. Der Wiener Landesjagdverband richtet Bezirksgeschäftsstellen ein, deren Wirkungsbereich sich auf einen oder mehrere Bezirke zu erstrecken hat.

Der Lainzer Tiergarten, der schon seit 1497 als kaiserliches Jagdgebiet besteht, wird von einer rund 21 Kilometer langen Tiergartenmauer begrenzt, die ab 1782 errichtet wurde. Die Wälder und Wiesen des Lainzer Tiergartens weisen selten gewordene Pflanzengemeinschaften auf. Hier leben viele bedrohte Tier- und Pflanzenarten. Ihr Schutz und ihre Pflege sind von großer Bedeutung. Charakteristisch sind die imposanten Eichen- und Buchenwälder. Im Lainzer Tiergarten stand nicht die Holznutzung im Vorder-

grund, sondern der Tierbestand und die Jagd. Daher ist der Waldbestand teilweise über 400 Jahre alt. Heute werden diese Wälder bewusst geschützt und gepflegt. Der Lainzer Tiergarten ist einer der ältesten Tierparks Europas. Traditionsgemäß wird hier ein artenreicher Wildbestand gehalten. Der Wildtierpark Lainzer Tiergarten wird jährlich von mehr als 500 000 Personen besucht. Er ist der vielfältigste und außergewöhnlichste Teil des stadtnahen Wienerwaldes. Eine maßvolle Bewirtschaftung der Wälder ermöglicht eine ungeahnte Vielfalt an forstlichen, zoologischen und botanischen Raritäten. Die Bewirtschaftung wird mit angewandtem Naturschutz in Einklang gebracht. Im Lainzer Tiergarten gibt es hohe Bestände an Schwarzwild, Rotwild, Damhirsch, Rehen und Mufflons.
Im Nationalpark Donauauen lebt der europäische Rothirsch in den großräumigen und ausgedehnten Wäldern. Er ist das größte lebende Säugetier der Donauauen und erreicht in diesem idealen Lebensumfeld eine beachtliche Stärke.
Der Wienerwald erstreckt sich über eine Fläche von rund 135 000 Hektar (1350 Quadratkilometer) westlich von Wien. Der Großteil dieser Fläche liegt im Bundesland Niederösterreich und nur ein kleiner Teil befindet sich innerhalb der Wiener Landesgrenze. Bereits die Römer nutzten den Wienerwald. Sie nannten das Gebiet „mons cetium“. Der Hauptanteil des heutigen Wienerwalds wurde im 11. Jahrhundert an die Babenberger verliehen und diente als landesfürstliches Jagdgebiet. Die erste lateinische Bezeichnung „silva Viennensis“ ist urkundlich im Jahre 1332 erwähnt. Die deutsche Namensform „Wienner Waldt“ findet man erstmals im Jahre 1368. Mit der Industrialisierung im 18. und 19. Jahrhundert stieg der Holzbedarf weiter. Es wurde besonderes Augenmerk auf eine sorgfältige Waldwirtschaft und Aufforstung abgeholzter Gebiete gelegt (allgemeine

landesfürstliche Waldordnung von 1785). Von 1811 bis 1857 stand der Wienerwald unter einheitlicher Planung und Leitung. Das hatte eine deutliche Verbesserung des Waldzustandes zur Folge. Mit Beginn des 19. Jahrhunderts wurde der Wienerwald zum beliebten Ausflugsziel.
In der zweiten Hälfte des 19. Jahrhunderts gab der kaiserliche Hof große Teile des Wienerwaldes an Schlägerungsfirmen zur Abholzung frei, um die Kassen zu füllen. Erst nach einer mehrjährigen Medienkampagne gelang es Josef Schoffel, Burgermeister von Mödling, die Schlägerungen zu stoppen. Im Zweiten Weltkrieg wurden die Wälder durch Kampfhandlungen beschädigt und es gab große Verluste an Waldflächen durch illegale Siedlungen von Obdachlosen. Erst ab 1955 erholte der Wald sich langsam. Heute zählt der Wienerwald zu einem der beliebtesten Naherholungsziele Wiens.
In Wien kommt man an der Donau, einem der bedeutendsten Ströme Europas, nicht vorbei. Vielfach besungen, mit dem Donauwalzer auf einen kulturellen Höhepunkt gestellt, nimmt dieser Strom seit jeher einen hohen Stellenwert ein. Die vergleichsweise seichten Furten der Donau im Raum der heutigen Wiener Stadtlandschaft und die Lage am Kreuzungspunkt bedeutender Handelswege gaben Anlass, in ihrer unmittelbaren Nähe erste Siedlungen zu errichten. Rechtsufrig bildete die Donau an den letzten Ausläufern der Alpen eine in ihrer Geometrie an ein großräumiges Amphitheater erinnernde markante Terrassenlandschaft: Sie stellt den Rahmen der schrittweisen räumlichen Stadtentwicklung dar, die lange Zeit die Stromlandschaft der Donau als nördliche Entwicklungsgrenze respektierte. Die engere Donaulandschaft selbst bot günstige Voraussetzungen für die Fischerei, den Betrieb von Schiffsmühlen, die Schifffahrt und in den ausgedehnten Aubereichen für die herrschaftliche Jagd.
(Quelle: MA 49, www.wljv.at)

Gasthaus zum Kamptaler | Wien

GASTHAUS ZUM KAMPTALER
Sonnwendgasse 21
A-1100 Wien

Telefon + 43 (0) 1 / 604 10 09
Telefax + 43 (0) 1 / 907 60 36

Zugegeben, dieser Geheim-Tipp liegt etwas versteckt: zwar mitten in Wien, aber innerhalb der weitläufigen Anlage des Südbahnhofes. Bereits 1986 erfolgte die Übernahme des damals noch sehr kleinen Gasthauses durch Walter und Josefa Ringsmuth, die es im Laufe der Jahre nach und nach um- und ausbauten.
So ist der Stil des Lokals eindeutig unter den Begriff „Wirtshauskultur" einzureihen und diese Bezeichnung wird vom Ehepaar Ringsmuth auch hochgehalten. „Gemütlich und rustikal – so soll unser Wirtshaus sein und bleiben," ergänzt Walter Ringsmuth. Der Sohn René wurde gemeinsam mit diesem Wirtshaus groß und zeigte bereits sehr früh reges Interesse für die Küche. Nach einer erfolgreichen Ausbildung als Koch und Patissier in der Gastgewerbeschule am Judenplatz arbeitete René Ringsmuth in den besten der Wiener Top-Betriebe; dabei über vier Jahre beim österreichischen Starkoch Helmut Österreicher, wo Herr Ringsmuth sein kulinarisches Können perfektionierte. Danach zog es ihn zurück zu den heimischen Wurzeln und er begann unlängst, die Küche des elterlichen Lokals zu übernehmen und auf einen seiner perfekten Ausbildung entsprechenden Level zu bringen. So erstaunt es nicht weiter, dass man heute im Gasthaus zum Kamptaler eine bodenständige, aber mit modernem Pfiff orientierte Speisenauswahl findet.
Wildgerichte sind Herrn Ringsmuth ein besonderes Anliegen und man findet immer wieder Köstliches auf der Karte wie zum Beispiel Rehpfeffer mit Schupfnudeln oder Hirschensteak mit Linsenpörkölt. Diese Spezialitäten werden natürlich auch besonders gerne vom hiesigen Jägerstammtisch in Anspruch genommen. Außerdem können die Gäste unter vielen saisonalen Schwerpunkten wählen: Bärlauchgerichte, Spanferkel, Kürbisspeisen, das traditionelle Martini Gansl, oder Truthahnspeisen rund um Halloween setzen lukullische Highlights.

Auch bei den Süßspeisen kann sich René Ringsmuth kreativ geben und so serviert er besonders gerne einen Mohnschmarren mit Wachauer Marillenröster und geeistem Waldmeister.
Als zweites Standbein etabliert sich der ausgezeichnete Catering-Service. Das Lokal richtet diese speziellen Buffets gerne ab 20 Personen aus und setzt dabei auf die Erlebnisgastronomie – wobei man von diversen Geräuschkulissen bis hin zu einem echten Aquarium oder ähnlich originellen Aufbauten je nach gewünschten Themen Kreativität und Innovation zeigt.
Das bunt gemischte Publikum genießt seit kurzem die feine Küche im neu angelegten Schanigarten, dessen grüne Sonnenschirme schon von weitem angenehm auffallen. Da die Gemütlichkeit im Gasthaus zum Kamptaler groß geschrieben wird, finden sich dort auch regelmäßig Schach-Klubs oder ein Schlemmer-Klub zu geselliger Runde ein. Dass dabei auch so manches gute Glaserl Wein getrunken wird, ist mehr als verständlich; reicht man doch Spitzenweine des Dinstlgutes in der Wachau, deren ausgleichendes Klima die Rieden Weine zu besonderer Qualität heranwachsen lässt. Beliebte offene Biere, frisch vom Fass, sind das Kaiser Premium oder das tschechische Budweiser.

FRISCHLINGSRÜCKEN MIT BREZENFLAN UND INGWERKIRSCHEN

Zutaten (ca. 4–6 Personen)
1 Frischlingsrücken
200 g Wurzelwerk
1 Zwiebel
1/4 l Olivenöl
etwas Maisstärke, Salz, Pfeffer, Kümmel
Lorbeer und Thymian

5 Laugengebäckstücke (2–3 Tage alt)
1 Zwiebel
100 g Butter
2–3 Eier

800 g Herzkirschen
etwas Kirschensirup
60 g Gelierzucker
2 cl Kirschlikör
1 TL Weinsteinsäure
40 g frischer Ingwer
1 Zimtstange

Zubereitung
Vom Frischlingsrücken die Schwarte abziehen, mit Salz, Pfeffer und Kümmel würzen. Olivenöl erhitzen und den Rücken in der Pfanne auf allen Seiten anbraten. Das grob geschnittene Wurzelwerk dazugeben und im Rohr bei 160 °C weiter braten. Geschnittene Zwiebel mitrösten, mit Rotwein aufgießen, Lorbeer und Thymian beigeben und weich dünsten. Sobald der Rücken weich ist (ca. 25 Minuten) herausnehmen und warm stellen. Den Bratensaft reduzieren, abschmecken und mit Maisstärke etwas binden.
Für den Brezenflan das Laugengebäck in Würfel schneiden. Die klein geschnittene Zwiebel in der Butter weich dünsten. Die Zutaten zu einer lockeren Masse vermengen. Portionsweise in kleinen Glasschüsseln im Wasserbad ca. 10–15 Minuten garen.
Für die Ingwerkirschen die Früchte entkernen, die Hälfte davon mit den restlichen Zutaten kochen lassen. Mixen, durch ein feines Sieb streichen und abkühlen lassen. Die übrigen Kirschen in die Sauce untermengen.
Als Gemüsebeilage werden Kohlsprossen empfohlen; die perfekte Weinergänzung ist ein vollmundiger Zweigelt Cuvé aus Loiben namens „Weidmannsdank“.

Reichenberger Griechenbeisl | Wien

REICHENBERGER GRIECHENBEISL
Fleischmarkt 11
A-1010 Wien

Telefon + 43 (0) 1 / 533 19 77
Telefax + 43 (0) 1 / 533 19 77 - 12

Im Herzen der Wiener Innenstadt befindet sich ein uraltes Bauwerk: Der aus dem Jahre 1200 n. Chr. datierte Stadtturm römischen Ursprungs beherbergt das Reichenberger Griechenbeisl in einem verzierten, erkergeschmückten Haus mit vielen urgemütlichen Stuben mit Gewölbedecken. Schon seit dem 15. Jahrhundert wird in diesen nahezu heiligen Hallen Gastwirtschaft betrieben, das Wirtshaus wurde mehrfach umbenannt und überstand trotzig die Wirrnisse der Jahrhunderte. Nach der Türkenbelagerung, als der Handel wieder in Schwung kam, mutierte es zu einem Stammlokal griechischer und levantinischer Händler. Darauf folgten die Reichenberger Tuchhändler und dadurch kam das Lokal zu seinem heute noch gültigen Namen.

Das Griechenbeisl wird seit drei Generationen von der Familie Krötlinger-Wagner erfolgreich geführt und die Kulinarik des Hauses untersteht seit über 30 Jahren dem Küchenchef Friedrich Karl Rothmayer, der mit kundiger Hand Klassiker der Wiener Küche wie Tafelspitz, Backhendlroulade mit Leber- und Pilzfülle, Fischgerichte oder Esterházypalatschinken mit Nüssen und heißer Schokoladensauce serviert. Nachdem die Geschäftsführerin des Griechenbeisels, Frau Sabine Wagner, selbst leidenschaftliche Jägerin in der Retzer Region ist, stehen je nach Jagdglück Köstlichkeiten wie Hirschkalbsrücken auf marinierten Pilzen, Wildhasensteak mit Preiselbeeren und Schupfnudeln, Fasan im Netz oder gefüllter Hirschkalbsrostbraten mit Butternudeln auf der Speisekarte. Die dazu empfohlenen Weine stammen selbstverständlich aus österreichischen Top-Weingebieten wie der Wachau, der Steiermark oder dem Burgenland. Besonders stolz ist man bei Familie Krötlinger-Wagner auf das Schladminger Bier oder das original tschechische Pilsner Urquell, das bereits anlässlich seiner Erstgründung 1852 im Griechenbeisl kredenzt wird und von dort seinen Siegeszug um die Welt begonnen hat.

Angesichts der bewegten und langjährigen Geschichte des Lokals erstaunt es auch nicht, dass sich stets prominente Zeitgenossen in den urigen Gaststuben einfanden: Die Wände des Mark Twain-Zimmers, bereits seit jeher ein Lieblingsplatz der Prominenz, zieren Autogramme der großen Denker, Schriftsteller oder Komponisten der Welt: Beethoven, Strauß, Brahms, Waldmüller, Mark Twain, Nestroy oder Schubert ließen sich zu ihrer Zeit im Griechenbeisl kulinarisch verwöhnen. Der berühmteste, und für Wien urtypischste Gast, war jedoch zweifellos der Bänkelsänger Augustin, der Mitte des 17. Jahrhunderts das weltweit berühmte Lied „Oh du lieber Augustin, alles ist hin" just in diesem Beisl erdachte und sang. Die Musik spielt heute noch eine große Rolle: Jeden Abend gibt es Musik, bei Zitherklängen oder Klavier mit Akkordeonbegleitung kann man die historischen Räume mit ihrer intensiven Atmosphäre und die hervorragende Küche vollen Herzens genießen.

FASANBRUSTFILET IM NETZ

Zutaten
4 Fasanbrustfilets à 150–180 g
4 Kohlblätter
100 g Hühnerbrust
100 g Schlagobers
1 Dotter
300 g Schweinsnetz, gut gewässert
Salz, Pfeffer, Tymianzweigerl
etwas Butter
eventuell Wildfond

Für das Rotkraut:
1 kg Rotkraut, fein geschnitten
4 Äpfel
6 cl Apfelessig
250 ml Apfelsaft
250 ml Rotwein
2 EL Preiselbeeren
1 Zwiebel
2 EL brauner Zucker
2 EL Butterschmalz
1 Lorbeerblatt
Ingwer

Zubereitung
Kohlblätter in viel Salzwasser ca. 2 Minuten lang überkochen, kalt abschrecken, trocken tupfen. Gekühlte Hühnerbrust klein schneiden, mit eiskaltem Obers und Eidotter in Küchenmaschine cutten. Salzen, pfeffern. Schweinsnetz in vier Teile schneiden, mit Kohlblättern belegen. Farce darauf streichen, gut gewürzte Fasanenfilets darauflegen und im Netz einschlagen. In heißem Butterschmalz leicht auf beiden Seiten anbraten. Tymianzweigerl dazu, mit 200 °C im Rohr ca. 8 Minuten braten. Herausnehmen und auf warmen Teller mit Alufolie abgedeckt kurz rasten lassen. Bratenrückstand mit Wildfond ablöschen, einkochen, mit kalter Butter binden. Salz, Pfeffer, Kümmel gemahlen, 1 kleines Stück Ingwer geschält und gerieben für das Apfelrotkraut am Vortag 2 Äpfel schälen, entkernen, grob raspeln. Rotkraut mit Äpfel, Wein, Essig, Apfelsaft und Preiselbeeren, Salz vermischen, über Nacht zugedeckt ziehen lassen. Zwiebel fein schneiden, im heißen Fett anschwitzen, Zucker dazu und hellbraun schmelzen. Kraut und Marinade dazu und ca. 40 Minuten weichdünsten, eventuell etwas Wasser nachgießen. Restliche Äpfel schälen, in kleine Würfel schneiden, Gewürze und Ingwer dazugeben, mitkochen. Sollte zuwenig Bindung sein, etwas Maisstärke mit Wasser verrühren und einmengen.

Das größte österreichische Bundesland ist Niederösterreich, das sich über eine Fläche von 19 173 Quadratkilometern erstreckt. Sowohl die Landschaften Niederösterreichs als auch seine klimatischen Bedingungen sind durchwegs unterschiedlich: Die Region beiderseits der Donau vom Böhmischen Massiv im Norden bis hin zu den Alpen im Süden umrahmt das Alpenvorland, wo das Wetter größtenteils vom Atlantik bestimmt wird. Nördlich der Donau erstreckt sich das Waldviertel mit hügeligen Hochflächen und einem eher rauhen Klima, wo man Teiche, mystische Moore, keltische Kultstätten und Wälder findet. Im Osten, dem so genannten Weinviertel, ist das Wetter wesentlich milder und wird als „pannonisch" bezeichnet. Wie der Name dieses Viertels schon sagt, wird hier vor allem Weinbau betrieben, und aus dieser Region gingen schon viele international prämierte Winzer mit ihren großartigen Rebensäften hervor. In den südlichen gebirgigen Landesteilen sowie im Norden des Waldviertels herrscht alpines Klima. Durch die Lage Niederösterreichs, vom Alpenbogen bis hin zur Pannonischen Steppe, entstand eine vielfältige Pflanzenwelt, aber auch ein spezieller Lebensraum für eine Vielzahl an Tieren. Das niederösterreichische Jagdgesetz verweist auf rund 150 jagbare Wildarten im Bundesgebiet, wovon 75 Prozent ganzjährig geschont sind und bei den restlichen 25 Prozent besondere Schuss- bzw. Schonzeiten gelten. Manche Wildarten unterliegen auch einer Abschussplanung. Das Rehwild, eine der anpassungsfähigsten Wildarten überhaupt, stellt – ebenso wie in Oberösterreich – die Hauptwildart in Niederösterreich dar. Das Rehwild lebt artgerecht in Wald- und Ackerbiotopen, im Wiesen- und Ackerlandbereich der Niederungen bis hin zur Baumgrenze. Rund 7000 erlegte Rehe

gab es 2005. Rotwild hingegen lebt in den großen geschlossenen Waldgebieten des südlichen Landesteiles, in den herrlichen Donau- und Marchauen und in den Wäldern des Waldviertels und Weinviertels, die allesamt für diese Wildart ruhige Einstandsbereiche bieten. Nachdem dieses Bundesland aber auch über einige alpine Wald- und Freiflächen verfügt, findet man im Süden von Niederösterreich auch Gamswild. Um ein Vielfaches vermehrt hat sich der Bestand beim Schwarzwild. Dieses gibt es heute nahezu überall in Niederösterreich. Im flachen Weinviertel und der pannonischen Steppe findet man die Niederwildarten Feldhase, Wildkaninchen, Fasan und Rebhuhn. Durch Flurbereinigungen und moderne Landwirtschaft sind die Besätze zurückgegangen, doch dank der vielen Naturschutzinitiativen des Landes, der Landwirte und der niederösterreichischen Jäger sind die Bestände gesichert. Sehr wichtig für die 34 000 Jägerinnen und Jäger ist die regelmäßige Bejagung der natürlichen Feinde des Niederwildes: von Fuchs, Steinmarder, Iltis und Dachs. Zahlreiche Wildenten, hier vor allem die Stockente, findet man in den Flussniederungen des Bundeslandes.

Jagdliche Hege ist in Niederösterreich heute nicht mehr nur auf Wildfütterung konzentriert: Heute ist das zentrale Thema die Lebensraumverbesserung, wobei die niederösterreichischen Jäger an deren Gestaltung aktiv mitarbeiten und damit Naturschutzbemühungen unterstützen. Denn die Jagd schließt Naturschutz nicht aus – ganz im Gegenteil: Hunderte Kilometer Hecken, Grünbrachen oder Ökostreifen, von Jägern angelegt, stellen diesen ein erfreuliches Zeugnis aus.

Nicht nur die Landschaft und das Wild sind vielseitig in Niederösterreich. Niederösterreich ist ein Bundesland, das auch kulinarisch und kulturell vieles zu bieten hat: Gepflegte und gelebte Wirtshauskultur sorgt für gemütliche Stunden und Gaumengenüsse. Barocke Schlösser, prachtvolle Stifte, Renaissance-Burgen wie die Schallaburg aus dem 16. Jahrhundert, eine Vielzahl von jährlichen Ausstellungen, Konzerten oder Brauchtums- und Bauernmärkten, ebenso Kürbisfeste und vieles mehr sorgen für reges kulturelles Leben und bieten für jeden Geschmack die richtige Adresse. (Weitere Informationen auch unter www.niederoesterreich.at)

bittermann | Göttlesbrunn

bittermann
Abt Bruno Heinrich-Platz 1
A-2464 Göttlesbrunn

Telefon + 43 (0) 21 62 / 811 55
Mobil + 43 (0) 699 / 11 88 00 77

Ruhetag: Dienstag

Glücklicher Ort Göttlesbrunn, freue Dich auf Anfang Mai 2006! Denn ab dann eröffnet in einer alten Volksschule aus der Zeit Maria Theresias, komplett renoviert und modernisiert, eine ganz neue Wirtshausidee, die man wohl als Vollgastronomie mit Top-Vinothek bezeichnen kann. Der bekannte 2 Hauben-Koch des berühmten Restaurants „Vikerl's" aus Wien, Adi Bittermann, seine Gattin Bettina, die Weinspezialistin des Betriebes und der kleine Sohn Christian brechen auf, um die Kulinarik aber auch den Spirit der Gemeinde und der Gegend in und um Göttlesbrunn mit Ihren engagierten Konzepten ganz neu aufzumischen. „bittermann" soll durchaus ein Wirtshaus sein, wo man von 10 bis 22 Uhr essen und trinken kann," erläutert Adi Bittermann, „es soll von Würsteln am Morgen bis zur Gänseleber am Abend für jeden Gast und jede Brieftasche das ideale Programm bieten." Kurz gesagt: Sowohl Einheimische als auch Herren im Nadelstreif sollen sich wohlfühlen und von einfachen, aber stets in gewohnter Bittermann'scher Top-Qualität bereiteten Speisen bis hin zu exquisiten à la carte-Gängen alles vorfinden, was das Herz begehrt. Darüber hinaus bietet die Familie Bittermann viele, mitunter auch ungewohnte, aber extrem kundenfreundliche Serviceleistungen an: Vom Pensionistenmenü, einen Käseshop in der Vinothek mit Marmeladen aus der Region zum Kosten, Produktschulung für die Kinder des Kindergartens, eigenes Winzerkochen, bei dem einmal pro Woche ein Winzer seine Lieblingsspeisen vor Ort bereitet, die Leute blind buchen, um dann gemeinsam zu essen, zu trinken und die jeweiligen Weine vorgestellt zu bekommen, bis hin zu Kochkursen, online Weinhandel, interaktive Kinderspiele, Kinderbetreuung im Seminarraum mit Tagesmüttern und kindergerechter Verköstigung. Individualität wird groß geschrieben: „Die schönen Dinge sind die Zusammenflüsse und wenn dann etwas daraus entsteht," gibt Familie Bittermann zu verstehen.

Da das Gebiet Göttlesbrunn und Arbestal für seine exzellenten Weine bekannt ist und rund 25 namhafte österreichische Winzer beheimatet, ist die Kooperation von Familie Bittermann mit den Winzern intensiv. Deren Weine sind denn auch alle in der Vinothek von „bittermann" zu verkosten und zu ab-Hof-Preisen zu erstehen. Bereits die Architektur des Lokals weist durch die gemütliche Winzerstube über den Salon bis zum stylischen Wintergarten auf die Vielschichtigkeit des Gastronomie- und Lebenskonzeptes hin. Da in der Göttlesbrunner Gegend sehr viel Jagd, vor allem auf Niederwild betrieben wird und Adi Bittermann stets viel Wild selbst zerwirkt und perfekt bereitet, wird auch die Wildküche einen fixen Platz auf der Speisekarte finden.

Homogen, gemütlich, stilvoll, freundlich und voll ansprechender Gastlichkeit, das neue „bittermann" lässt nicht nur die Gemeinde sondern auch seine vielen Stammkunden in neuer, ungewohnter Art zusammenwachsen und gemeinsam genießen.

POT-AU-FEU VOM WILDGEFLÜGEL MIT GRIESSKNÖDERL

Zutaten
heller Wildfond
1 Fasan
1 Rebhuhn
Öl zum anbraten
300 g Wurzelgemüse (Karotten, Zeller, Schalotten, Lauch)
300 ml Weißwein
3 l Wasser
1 Lorbeerblatt
5 Wacholderbeeren
10 schwarze Pfefferkörner
1 Zitronen-, Orangenzeste
Salz, Pfeffer, Muskat, Thymian
200 ml Obers
2 Eier
200 g Kohlsprossen
12 dünne Speckscheiben
Petersil

Grießknödel
50 g Butter
1 Ei
100 g Gries
Salz, Pfeffer, Muskatnuss

Zubereitung

Wasser aufstellen, Gewürze hineingeben, bei mittlerer Hitze kochen. In der Zwischenzeit vom Fasan und Rebhuhn die Brüste und die Keulen herunter lösen. Die Knochen grob zusammen schneiden, in Öl scharf anbraten. Anschließend das Wurzelgemüse geschnitten darin mitrösten, mit Weißwein ablöschen. Den Ansatz in den Topf mit Wasser und Gewürzen geben, ca. 2 Std. langsam auskochen. In der Zwischenzeit die abgelösten Fasan- und Rebhuhnbrüste mit Salz, Pfeffer, Thymian und Olivenöl marinieren, jede einzelne Brust der Länge nach einmal durchschneiden, zum Rasten zur Seite stellen. Die Keulen vom Knochen lösen, die Sehnen herausziehen, mit dem Messer alles fein hacken, mit Salz, Pfeffer, Muskat würzen, 2 Eier, 4 EL Obers darunter mischen, kleine Knöderl formen. Den hellen Wildfond absieben, einkochen, mit restlichem flüssigem Obers aufgießen, anschließend die kleinen Knöderl (von den Keulen), die Grießknöderl und die geputzten Kohlsprossen langsam darin weich kochen (ca. 15–20 Min.). Wenn die Kohlsprossen noch leicht knackig sind, die marinierten Brüstchen in dem Ansatz fertig ziehen lassen. Die Speckscheiben schnell knusprig braten, abtupfen, auf das Pot-au-Feu vom Wildgeflügel mit Petersil anrichten. Für die Grießknöderl Butter schaumig rühren, das Ei und den Grieß darunter arbeiten, würzen, 1/2 Std. quellen lassen. Aus der Masse kleine Knöderl formen.

Landgasthof Hoadkeller | Putzing

LANDGASTOF HOADKELLER
Hoadweg 31
A-2203 Putzing

Telefon + 43 (0) 22 45 / 35 21
Telefax + 43 (0) 22 45 / 35 21 - 4

Der alte Weinbauort Putzing liegt malerisch eingebettet in den sanften Hügeln des Weinviertels, und hatte noch vor einigen Jahren weder einen Heurigen noch ein Gasthaus zu bieten. Dies änderte sich, als 1979 das Ehepaar Walter und Theresia Beer in der romantischen Kellergasse eine Buschenschank baute.
Dieses Heurigenlokal wurde dann vom Sohn des Hauses, Herrn Franz Beer und seiner Frau Susanne, übernommen und im Laufe der Zeit auch baulich zu einem Landgasthof erweitert, der heute schon längst zu einem Geheimtipp geworden ist.
Urgemütliche Gaststuben mit Nischen, wohnliche Holzbalken und die wunderschöne Terrasse mit Wien-Blick schenken ein angenehmes Ambiente, in dem man die ausgezeichneten Speisen und Getränke so richtig genießen kann.
Typisch heimische Spezialitäten stehen auf dem Küchenplan und man legt dabei, ebenso wie im zweiten Restaurant der Familie Franz Beer, „Zum Renner" in Wien-Nußdorf, höchsten Wert auf frische sowie traditionelle Verarbeitung. Hier stehen die Rindfleischküche, aber auch diverse Pfannengerichte und hausgemachte Mehlspeisen im Vordergrund.
Da aber der Vater von Franz Beer seit mehr als 30 Jahren Jagdleiter von Putzing ist, findet man immer wieder auch Wildspezialitäten auf der Karte. Es sind dabei klassische Zubereitungsarten des Wildes, das ausschließlich aus regionalen Jagden bezogen wird und sich damit auf Reh, Wildschwein und Hase aber auch Hirsch konzentriert. Franz Beer erläutert seine Philosophie: „Wildgerichte gibt es bei uns nur dann, wenn dieses Fleisch auch frisch vorhanden ist".
Die Rezepte sind bodenständig und traditionell und reichen von Hirschmedaillons bis Hirschrückensteak oder Spezialitäten von Reh und Niederwild. Klassische Beilagen sind dabei Rotkraut oder Serviettenknödel. In der Küche des Hoadkellers wer-

den sehr oft die guten Weinviertler Weine zum Verfeinern verwendet, die auch teilweise bei den sehr kreativen Nachspeisen vorkommen: Rieslingnockerl mit Eierlikörsauce oder ein Weintraubenstrudel, der auch manchmal zu den Wildgerichten als fruchtig-delikate Beilage verwendet werden kann.

Durch die Lage des Landgasthofes inmitten der Kellergasse erscheint es nur logisch, dass die Familie Beer im Keller auch eine herrliche Vinothek angelegt hat, die über ausschließlich heimische Weine von rund 30 Top-Winzern verfügt. Dabei sind Spitzenweine, vom Grünen Veltliner DAC („districtae Austriae controllatus"), der renommierteste Wein des Weinviertels, bis zum kräftigen Rotwein, bei dem der Zweigelt die meistverbreitete Sorte ist, vertreten. Die ausgesuchten Edelbrände ergänzen die regionale sowie die Wildküche des Hoadkellers und stammen, ebenso wie der Sekt, von heimischen Winzern. Naturbelassene Obstsäfte kommen direkt von den lokalen Obstbauern.

Auch auf die Bierfreunde wird nicht vergessen und man serviert, ebenso wie in der Wiener Dependance „Zum Renner", ausschließlich Gerstensaft aus der Andechser Brauerei im bayrischen Possenhofen.

Bei so viel Gemütlichkeit vergeht die Zeit im Hoadkeller rasch und man verabschiedet sich mit dem ehrlichen Wunsch, recht bald wieder in Putzing einzukehren.

Weingut Ipsmiller | Schrattenberg

WEINGUT IPSMILLER
Hauptstraße 10
A-2172 Schrattenberg

Telefon + 43 (0) 25 55 / 25 15
Mobil + 43 (0) 664 / 323 92 09
Telefax + 43 (0) 25 55 / 25 15

Ein kulinarischer Hochgenuss weitab von Hektik und Lärm der Großstadt erwartet den Besucher im nördlichen Weinviertel, wo die Zeit still zu stehen scheint. Langgestreckte Hügel und Felder kennzeichnen die Landschaft, die auf Grund ihres besonderen Mikroklimas seit Generationen dem Weinbau gewidmet ist. Das Viertel unter dem Manhartsberg ist das größte Weinbaugebiet Österreichs; das ausgewogene pannonische Klima und fruchtigschwere Lößböden bilden die idealen Grundbedingungen für den Weinbau.

Der kleine Ort Schrattenberg ist die größte Rotweingemeinde im nördlichen Teil des Weinviertels, denn hier werden die sonnendurchfluteten Südhänge, Löß- und Lehmböden und das Wissen von Generationen zu einer perfekten Kombination, die herrliche Weine entstehen läßt.

Die Gegend um Schrattenberg gilt demnach als das ideale Anbaugebiet für große und edle Rotweine und hat sich einen Namen für besonderen Weingenuss gemacht. Auch die Familie Ipsmiller garantiert mit ihrem Namen seit Jahrzehnten für edlen Wein: das reiche Wissen über die Wahl der Reben, die sorgsame Pflege der Böden, die Weinlese selbst bis hin – als Krönung des Winzerjahres – zur ausgezeichneten Kenntnis für die sortengerechte Verarbeitung. Generationen der Familie Ipsmiller haben ihr vielfältiges Wissen an die Nachkommen weitergegeben und so ist es heute für Herrn Konrad und Frau Theresia Ipsmiller eine Selbstverständlichkeit, eine schonende und saubere „Vinifikation“ anzuwenden. Die große Erfahrung und das Können sind, neben der perfekten klimatischen und bodenmäßigen Beschaffenheit, die primäre Basis, um guten Wein zu machen. Dazu braucht es allerdings noch die schöpferische Kraft, um einen edlen Wein zu kreieren.

Die Familie Ipsmiller und ihre Mitarbeiter bewirtschaften eine Rebfläche von 22 Hektar und dort reifen die beliebten Sorten der Weißweine wie Weißburgunder, Grüner Veltliner, auch unter dem Namen Weinviertler DAC bekannt, Sauvignon Blanc oder Chardonnay. Die berühmten roten Tropfen sind in den Sorten Zweigelt, St. Laurent, Blaufränkisch, Merlot oder einem köstlichen Cabernet Sauvignon erhältlich.
Nachdem zu einem köstlichen Wildgericht unbedingt ein guter Wein gehört, empfiehlt Familie Ipsmiller beispielsweise einen Zweigelt zu Wildbret vom Rotwild oder einen Cabernet Sauvignon für Reh- oder Damwild. Besonders gut ergänzt ein St. Laurent etwa Gerichte vom Hasen, ein Glas Blaufränkischer Gerichte von Fasan oder anderem Flugwild und ein Merlot oder eventuell auch ein Weinviertler DAC Grüner Veltliner passen besonders harmonisch zu Wildente.
Das Weingut Ipsmiller hat in den vielen Jahren seines Bestehens zu Recht unzählige nationale und internationale Auszeichnungen für die Qualität seiner Weine erhalten. In den Weinen des Gutes Ipsmiller findet sich Wissen, Können, ehrliche Arbeit und die Erfahrung vieler Jahrhunderte. Der allerletzte Schliff für einen perfekten Wein liegt jedoch in der Liebe der Familie Ipsmiller zu der hohen Kunst des Weinbaus.

Die Landschaft des Burgenlandes ist vielfältig und mit einem Flächenanteil von 77 Prozent prägt die Land- und Forstwirtschaft den rund 250 Kilometer langen und an der engsten Stelle nur vier Kilometer breiten Landstreifen, der von der kleinen ungarischen Tiefebene mit dem Neusiedlersee und den Lacken im so genannten Seewinkel im Norden des Bundeslandes bis zum hügel- und waldreichen Mittel- und Südburgenland mit dem Geschriebenstein als höchster Erhebung von 884 Meter reicht. Dies ist im Vergleich zu anderen österreichischen Bundesländern natürlich keine alpine Berggegend, aber dafür besitzt das Burgenland ein herrlich angenehmes, mildes pannonisches Klima und ist demzufolge für seine Produktion an international oft ausgezeichneten und vielfach prämierten Rot- und Weißweinen bekannt, die auf einer Fläche von rund 13 000 Hektar angebaut werden.

Auch das Wildvorkommen ist vielfältig: Hasen und Fasane sind laut einer Statistik aus dem Jahre 2004 anzahlmäßig die Spitzenreiter, gefolgt von Rehwild und danach natürlich Wildenten aus der herrlichen Seengegend des Neusiedlersees. In den agrarisch geprägten Revieren dominieren Hasen, Fasane und Rebhühner, um den See zahlreiche Enten- und Gänsearten, Rot- und Schwarzwild und inselartig auch Muffel- und Damwild, die die waldreicheren Regionen bevölkern, während das Rehwild flächendeckend im ganzen Burgenland vorkommt. Rund 6500 burgenländische Jäger üben die Jagd in rund 503 Revieren aus, die größtenteils an inländische Pächter vergeben sind; nur 5 Prozent der Reviere sind an Ausländer vergeben. Die Artenvielfalt der Pflanzen als Nahrungsquelle der heimischen Tierarten bildet die Grundlage für rund 650 000 Kilogramm Wildfleisch, das jährlich in den burgenländischen Revieren anfällt. Besonders intensiv und positiv ist der ständige Dialog zwischen Grundeigentümern,

Jagd, Naturschutz und Behörden, die gemeinsam bestrebt sind, die Lebensbedingungen für die frei lebenden Tiere zu verbessern. Besondere Verdienste erwirbt sich die burgenländische Jägerschaft durch die Mitarbeit beim Bodenschutzprogramm des Landes. Seit 1988 wurden dabei rund 360 Kilometer Hecken und Windschutzgürtel neu geschaffen. Diese Strecke ist sogar deutlich länger als die komplette Längenausdehnung des Bundeslandes. Aber auch für die Anlage von Biotopsystemen, Wasserstellen und dergleichen wurden von Seite der burgenländischen Jägerschaft in den letzten zehn Jahren etwa eine Million Euro aufgewendet.
Die reizvolle und größtenteils recht flache Landschaft des Burgenlandes ist bei vielen in- und ausländischen Gästen besonders für seine tollen Radwege bekannt und beliebt.
Das milde, reizarme Klima, eine sehr gute Gastronomie und Hotellerie sowie die Top-Weine des Landes bilden einen perfekten Rahmen für einen erholsamen Urlaub

oder Kurztrip über das Wochenende. Die Region rund um den größten Steppensee Europas, den Neusiedlersee, ist seit Dezember 2001 Teil des UNESCO-Weltkulturerbes. Diese grenzüberschreitende Landschaft wurde von Österreich und Ungarn gemeinsam nominiert. Schon prähistorisch war der Neusiedlersee als Handelsroute zwischen Adria und Ostsee Schnittpunkt vieler Kulturen und ist es mit seiner ethnischen Vielfalt an Deutschen, Kroaten, Ungarn und Roma auch heute noch.
Die Region des Nationalparks Neusiedlersee – Seewinkel ist eine einzigartige Kulturlandschaft mit Weingärten, Hutweiden und idyllischen Orten rund um den See. In diesem Gebiet gibt es Pflanzen und Tiere aus dem pannonischen, alpinen und mediterranen Bereich. 300 seltene Vogelarten haben hier ihre Brutplätze und alljährlich finden sich tausende Zugvögel auf ihrer Reise in den Süden oder Norden ein.

Weingut Esterházy | Eisenstadt

WEINGUT ESTERHÁZY
Schloss Esterházy
A-7000 Eisenstadt

Telefon + 43 (0) 26 82 / 633 48
Telefax + 43 (0) 26 82 / 633 48 - 16

Vinothek
Schloss Esterházy
A-7000 Eisenstadt
Telefon + 43 (0) 26 82 / 633 45
Telefax + 43 (0) 26 82 / 633 45 - 18

Während der Sommermonate auch Samstag und Sonntag geöffnet

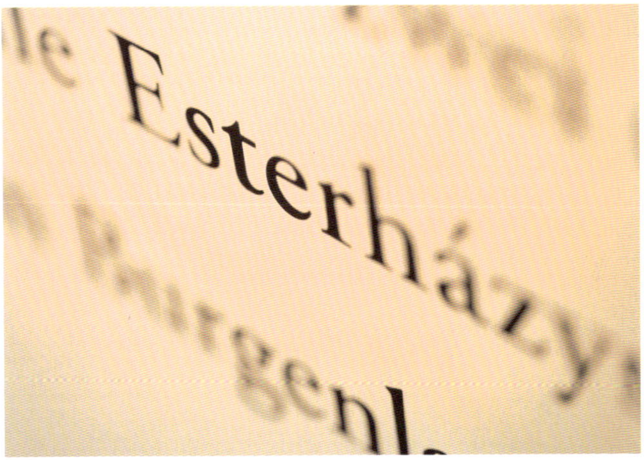

Die Weinbautradition der Familie Esterházy reicht bis ins 17. Jahrhundert zurück. Der Rotweinanbau wurde bereits im Jahre 1754 erstmals urkundlich erwähnt. Das Weingut knüpft an diese Tradition an und produziert erstklassige Weine im einzigartigen Microklima und Terroir seiner Rieden am Neusiedler See. Die hauseigene Vinothek im Schloss in Eisenstadt bietet die Möglichkeit, sämtliche Produkte des Weingutes Esterházy zu verkosten und ab Hof zu erwerben. Die Besichtigung des im Gewölbekeller des Schlosses untergebrachten „Weinmuseum Burgenland" rundet jede Weindegustation perfekt ab.
Das Weingut Esterházy bewirtschaftet heute 42 Hektar Weingärten. Die Rieden befinden sich im Zentrum der Weinbauregion Neusiedler See-Hügelland, an den Südhängen des Leithagebirges und des Ruster Hügellandes. Modernste Kellertechnik garantiert den schonenden Ausbau der Weine. Seit Jahren wird mit „State of the Art" Technik vinifiziert – die Weißweine kühl in Edelstahltanks vergoren, die Rotweine langsam in Barrique-Fässern gereift. Der Erfolg gibt Esterházy Recht: Der Tesoro, das Flagschiff des Unternehmens, wurde bei der den Decanter World Wine Awards 2005 als Bester der Besten mit der International Trophy ausgezeichnet. Die Liste der Prämierungen des Weingutes Esterházy ist lang.
2006: Bei der Vins du Monde in Paris Vinalies d´Or für den Tesoro 2004 und Vinalies d´Argent für den Pinot Noir 2004. Beim Hamburger Weinsalon Auszeichnungen für den Merlot Premium, den Pinot Noir und den Tesoro – alle Jahrgang 2004 – sowie für den Sauvignon Premium 2005.
2005: Der Tesoro des Jahrganges 2003 wurde in den Salon der Österreichischen Weine aufgenommen und mit je einer Goldmedaille bei der Concours Mondial de Bruxelles und bei der International Austrian Wine Challange ausgezeichnet. Ebenso mit einer Goldmedaille bedacht wurden der Sauvignon Blanc 2004 (International Austrian Wine Challange) und der Merlot 2003 (Concours Mondial de Bruxelles).
2004: Aufnahme des Tesoro 2002 sowie des Sauvignon Blanc 2003 Premium in den Salon der Österreichischen Weine. Bei der Mondial du Pinot Noir für den Pinot Noir 2002 Premium den Vinea d´Argent und beim Hamburger Weinsalon Auszeichnungen für den Pinot Blanc 2003 Premium und für die Ruster Trockenbeerenauslese 2000.

Falstaff prämierte den Cuvée Melinda Jahrgang 1998, einen vollmundigen Süßwein, im Jahr 2003 mit 91 Punkten.

Im Neubau des Weingutes, das sich bis zum heutigen Tag in den Kellergewölben des Schlosses befindet, wird bereits die Ernte 2006 verarbeitet. Die neue Kellerei beherbergt Produktion, Barrique- und Flaschenlager, Verkaufs- und Degustationsraum auf lediglich zwei Ebenen. Dem Besucher ermöglichen großzügige Glaswände Einblick in die Produktionsstätten; eine Lehmwand sorgt für optimale klimatische Verhältnisse im Barriquelager.

Die einzelnen Rieden wurden genauestens untersucht, um eine optimale Sortenauswahl treffen zu können. So zeichnet sich die Riede Föllig in Großhöflein durch humusreiche, schwere Böden aus, wo besonders fruchtiger und eleganter Pinot Blanc, sowie kräftige Blaufränkisch wachsen.

Pinot Blanc 2005 Premium: feingliedrig, fast filigrane frische Frucht in der Nase; Reife und kräftiges Grapefruitaroma am Gaumen.

Blaufränkische 2004 Klassik: kräftige rubinrote Farbe; Duft nach Beeren und reifen Zwetschken, abgerundeter weicher Abgang.

Die Südhänge des Leithagebirges eigenen sich durch sandige Lehmböden und besonders gute Wärmespeicherkapazität hervorragend für die Sorten Merlot, Welschriesling und Sauvignon Blanc.

Merlot 2004 Premium: Rubingranat, fast schwarze Farbe, saftige Kirschen und Weichseln; sehr dichte, weiche Gaumenstruktur.

Welschriesling 2005 Klassik: zarter, eleganter Duft nach Weingartenpfirsich und Maracuja; saftiger grüner Apfel am Gaumen mit finessenreicher integrierter Frucht

Am Plateau des Ruster Hügellandes zwischen St. Margarethen und Rust mit leicht sandigen Böden und guter Wasserversorgung wachsen die Sorten Cabernet Sauvignon und Pinot Noir.

Pinot Noir 2004 Premium: kräftiges Rubingranat, feine Brombeernase, Waldbeeren und zarte Vanillenuancen; am Gaumen außergewöhnlich weich und elegant, der Filou unter den Rotweinen.

Die Ruster Weingärten werden vom mediterranen Kleinklima des Neusiedler Sees geprägt. Hier wachsen Pinot Noirs mit sehr weicher Tanninstruktur, die sich in unserer Top-Cuvée Tesoro wieder finden, sowie sehr weiche, breite Chardonnays mit viel Schmelz.

Chardonnay 2005 Premium Barrique: harmonische Säure, zarte Mandelaromen.

Tesoro 2004: Cuvée aus Merlot, Cabernet und Pinot Noir: kräftiges, leuchtendes Rubingranat, sehr feine Röstaromen gepaart mit zarten Mokka-Nuancen in der Nase; voluminöser, üppiger Gaumen, sehr einladende Fruchtsüße, eleganter Kakaoschmelz und dunkle Schokolade im Nachhall – ein Wein zum Wild in allen Formen: Fasan, Rebhuhn, Wildschwein, Hase, Reh, Hirsch aber auch Ente, Gans und Lamm.

Jagd und Fischerei bei Esterházy | Eisenstadt

ESTERHÁZY FORST- UND NATURMANAGEMENT
Esterházyplatz 5
A-7000 Eisenstadt

Telefon + 43 (0) 26 82 / 630 04 - 41
Telefax + 43 (0) 26 82 / 630 04 - 59

Jagd und Fischerei sind feste Bestandteile der Landeskultur des Burgenlandes und haben bei Esterházy große Bedeutung. Die Jagdfläche umfasst unterschiedlichste Biotope, vom Wald über landwirtschaftliche Flächen bis hin zu reinen Seejagden – vom Seewinkel bis ins mittlere Burgenland. Sämtliche im Burgenland vorkommende Wildarten, wie beispielsweise Reh, Rothirsch, Wildschwein und Muffelwild, kommen auf diesen Jagdflächen vor. Durch die große Vielfalt unterschiedlicher Waldstrukturen wurde der Lebensraum für das Wild vielfältiger und differenzierter. Das aktive Flächenmanagement bietet die erforderlichen Voraussetzungen für naturnahe Hege und Jagd. Entsprechende Strukturen wie Äsungsflächen, Rückzugsbereiche, Wasserreserven und Wildobstanlagen. Geschaffen wurden aber auch natürliche Bejagungsflächen. Langfristiger Schutz des Wildes kann am Besten durch nachhaltige Nutzung und nicht durch völligen Nutzungsverzicht gewährleistet werden.

Eine Besonderheit stellt das ca. 1200 Hektar große Revier Tiergarten Eisenstadt dar, das sich durch großzügig ausgebaute Hegeeinrichtungen auszeichnet. Die Wildfütterung nach neuesten wildbiologischen und wildernährungswissenschaftlichen Erkenntnissen garantiert einen gesunden Wildbestand. Der Tiergarten ist heute eines der wenigen Jagdgatter Europas, in dem stärkste Trophäen beim Rot-, Schwarz- und Muffelwild auf gleicher Fläche heranwachsen und zum Abschuss freigegeben werden. Das Jagdgatter wurde nach dem Vorbild französischer Wildgärten von Fürst Paul II. Anton Esterházy im Jahre 1756 errichtet und eingezäunt. Die Qualität dieser Jadgen ist weit über die Grenzen Österreichs hinaus bekannt.

Wildbret ist ein echtes Naturprodukt. Aus ernährungspsychologischer Sicht passt

das naturbelassene Wildbret, das sich gegenüber dem Schlachtvieh durch seinen geringen Fettgehalt auszeichnet, gut in einen ernährungsbewußten Speiseplan. Als echtes Naturprodukt, das von Esterházy auch selbst vermarktet wird, passt es hervorragend in die Unternehmensstrategie.
Man ist intensiv in das Umwelt- und Naturschutzprogramm des Burgenlandes eingebunden – eine Fläche von insgesamt 16 000 Hektar steht unter starkem oder völligem Schutz. Dazu gehören bedeutende Teile des Nationalparkgebietes Neusiedler-See, Naturparks, Landschaftsschutzgebiete, Naturschutzgebiete, breite Schilfgürtel am Neusiedler See und weitere ökologisch wertvolle Flächen, wie Hutweiden und Urwaldzellen. Mit ca. 5600 Hektar Fläche ist Esterházy der größte Biobetrieb Österreichs.
Eine zunehmend wichtige Aufgabe für Esterházy ist die gut durchdachte Integrierung von Freizeitaktivitäten in die Bedürfnisse der Wildfauna und der Jagd. Ziel von Esterházy im Bereich Tourismus und Freizeitwirtschaft ist es, die negativen Einflüsse auf die Umwelt durch aktives Flächenmanagement möglichst gering zu halten. Bestes Beispiel ist der Mountainbikebereich; durch ein attraktives Routennetz konnte eine flächendeckende Benutzung und Beunruhigung der Jagdreviere verhindert werden. Nicht zuletzt betreut Esterházy im Burgenland rund 400 Kilometer Wander-, Rad- und Reiterwege und trägt damit zur Verbindung von gelebten Naturschutz und sanfter touristischer Entwicklung bei.

Dorfstraßen-Hotel Johannes-Zeche | Illmitz

DORFSTRASSEN-HOTEL JOHANNES-ZECHE
Florianigasse 10
A-7142 Illmitz

Telefon + 43 (0) 21 75 / 23 35
Telefax + 43 (0) 21 75 / 23 35 - 5

Die Landschaft des burgenländischen Seewinkels ist geprägt von einer Vielfalt ost- und westeuropäischer Tier- und Pflanzenarten, großen Wasser- und Schilfflächen, Wiesen und den salzhaltigen Laken des Nationalparks Neusiedler See-Seewinkel. In Illmitz findet man in absoluter Ruhelage das gepflegte, mit Schilf gedeckte Dorfstrassen-Hotel Johannes-Zeche, das originales burgenländisches Ambiente mit viel Atmosphäre vereint. 30 Komfortzimmer, eine wunderbare Küche und aktueller Standard verwöhnen den anspruchsvollen Gast. Herr Kommerzialrat Hans Tauber, selbst begeisterter Jäger, sorgt dafür, dass immer wieder frisches Wild, vor allem Ente, Fasan oder Reh und Hirsch, auf der Speisekarte Platz finden. Besonders bekannt ist das Restaurant für „Opa Tauber's Wildsuppe" und vor allem für die vielen Spezialitäten aus dem Hause Alois Kracher, einem der bekanntesten und renommiertesten Winzer Österreichs, die im eigenen Shop angeboten werden. Die hochwertigen Kracher-Produkte umfassen nicht nur die vielfach ausgezeichneten Weine, sondern erstrecken sich auch über den herrlichen Grauschimmelkäse mit Süßwein, den sogenannten „Affineur" sowie gemeinsam mit dem Hause Gölles aus der Kracher'schen Trockenbeerauslese kreierte exclusive Essigsorten und ein ausgewähltes Schokolade-Sortiment.

Generell ist die Küche der Johannes-Zeche der Umgebung entsprechend pannonisch ausgerichtet und es finden viele Produkte aus dem nahen Nationalpark kulinarische Verwendung. Das Steppengraurind, das nur zehn Betriebe im Burgenland führen dürfen, findet sich ebenso im Angebot wie die köstlich frischen Fische des Neusiedlersees. Im stilvollen Innenhof der Zeche lässt es sich im Sommer äußerst gemütlich sitzen und man genießt die Spezialitäten der Küche unter freiem Himmel im bekannt milden Klima des Landes. Bei schlechterem Wetter schenkt die große Gaststube mit offenem Kamin angenehmste Behaglichkeit.

Das Freizeitangebot ist auf Grund des idealen, flachen Landes perfekt für Radwanderungen in den Nationalpark geeignet und der Radverleih befindet sich direkt im Haus. Kutschenfahrten oder Schiffsausflüge auf den Neusiedler See werden ebenso gerne individuell arrangiert. Für Tagungen steht ein moderner Seminarraum zur Verfügung.

Die Vielfalt der oberösterreichischen Landschaft bietet vom eher hügeligen Mühlviertel über das herrliche Donautal, den idyllischen und traumhaft gelegenen Seen des Salzkammergutes und den mächtigen Gebirgen im Süden des Bundeslandes ein wunderbares Gebiet, das sich bestens als Freizeit- und Urlaubsparadies eignet. Kulturinteressierte kommen in Hallstatt auf ihre Kosten oder sie besuchen mittelalterliche Kunstschätze, herrliche Renaissance-Bauten oder barocke Stiftsbauten. Das Brucknerfest, die weltbekannte „Ars Electronica" und viele Brauchtumsveranstaltungen sorgen für ein buntes Programm. Dass die wunderbare Landschaft für Sportbegeisterte alle Möglichkeiten wie Wandern, Bergsteigen, Wassersport oder auch viele Wintersportarten bietet, versteht sich von selbst.

Diese landschaftliche Vielfalt ist aber auch jagdlich sehr interessant. Oberösterreich ist zu fast 41 Prozent bewaldet und hat eine Höhenerstreckung von 240 Metern über dem Meeresspiegel in der Donauniederung einerseits und reicht andererseits bis zu fast 3000 Meter am Dachstein. Dementsprechend entstehen dadurch unterschiedliche Lebensräume für das Wild. Oberösterreich ist in erster Linie ein Rehwildland, denn diese Tiere kommen in gut drei Viertel des gesamten Bundeslandes reichlich vor. Im Gebirgsanteil an den Kalkalpen, der runde 25 Prozent der Fläche birgt, gibt es Gamswild und – noch immer – den Großen und den Kleinen Hahn. In Zentraloberösterreich, auf der Traun-Ennsplatte, im Inn- und Hausruckviertel und im Machland nördlich der Donau ist die Jagd vorwiegend auf

Niederwildjagd ausgerichtet und man erfreut sich zunehmend an steigenden Beständen des Rebhuhnes und eines starken Vorkommens der Wildente. Neuerdings kommen auch aus dem Norden vermehrt Luchs und Fischotter wieder in das Land. Die 971 oberösterreichischen Jagdreviere bieten ein arbeitsintensives Betätigungsfeld für insgesamt 17 358 engagierte Jäger, davon 821 Jägerinnen, und erstrecken sich über eine Fläche von 11 979 Quadratkilometer. Die Waldfläche Oberösterreichs bietet mit 492 000 Hektar die vierthöchste Waldausstattung aller österreichischen Bundesländer und diese Wälder werden nachhaltig bewirtschaftet. Das wiederum bedeutet, dass in einem Jahr weniger genutzt wird, als im gleichen Zeitraum zuwächst. Holzvorräte und auch Waldfläche nehmen daher stetig zu. Das Forstgesetz verpflichtet die Waldeigentümer damit nach der Holzernte zur rechtzeitigen Begrünung neuer Bestände. Dabei muss man ökologisch richtig die Ausnutzung der natürlichen Verjüngung befolgen, denn der Wald ist auch Lebensraum des Wildes. Durch Verbiss und Fegung treten natürlich Schäden auf und die Schalenwildbestände sollen daher der Tragfähigkeit ihres Lebensraumes entsprechen.
Wald und Wild ist eine natürliche Einheit und die Jäger stehen dem Wildtier nahe. Eine tief verwurzelte Beziehung zu Natur und Tier ist für die Menschen hier wichtig, ja sogar lebenswichtig.

In Oberösterreich gibt es auch eine starke Zusammenarbeit zwischen der Jägerschaft und der Gastronomie: Bei den Bezirksjägermeistern der einzelnen oberösterreichischen Bezirke kann sich ein Gastronom, der sorgfältig und ausschließlich heimisches Wildbret verarbeitet und dieses je nach jagdlich saisonaler Verfügbarkeit das ganze Jahr über anbietet, für die Plakette „Ausgezeichnete Wildgerichte aus oberösterreichischen Revieren" bewerben. Vom jeweiligen Bezirksjägermeister wird dann geprüft, ob die Einhaltung dieser Kriterien auch erfolgt. Bei einem positiven Resultat wird dem Gastronomiebetrieb feierlich diese Plakette verliehen. Derzeit gibt es 22 oberösterreichische Betriebe, die diese Auszeichnung bereits erhalten haben.

OBERÖSTERREICHISCHER LANDESJAGDVERBAND
Schloss Hohenbrunn
Hohenbrunn 1
A-4490 St. Florian

Telefon + 43 (0) 72 24 / 200 83
Telefax + 43 (0) 72 24 / 200 83 - 15

Ein besonders intensiver kulinarischer Dialog wird in einem der wildreichsten Bundesländer Österreichs zwischen dem Oberösterreichischen Landesjagdverband und der Gastronomie gepflegt. Hier kümmert man sich, sozusagen von oberster Instanz her, um die Geschicke des Wildbrets in den wohlbestellten, feinen Küchen der oberösterreichischen Gastronomie-Szene.

Der Oberösterreichische Landesjagdverband verleiht jenen Lokalen eine Werbe-Plakette mit dem Prädikat „Ausgezeichnete Wildgerichte aus oberösterreichischen Revieren", die sich auf Grund folgender Kriterien um das Wohl des Gastes verdient machen: Das primäre Gebot für den Erhalt der Restaurantplakette ist die ausschließliche Verwendung von heimischem Wild. Das zweite Erfordernis besteht in der Bereitschaft, das ganze Jahr über Wildgerichte auf die Speisekarte zu setzen. Das Angebot reicht dabei saisonbedingt vom Maibock, also vom Reh, über Hase, Fasan oder Rebhuhn bis zum Rotwild, Gams oder Wildschwein. Pro Jahr erhalten maximal zwei Betriebe pro Bezirk die begehrte Auszeichnung. Derzeit dürfen sich im gesamten Gebiet Oberösterreichs 22 Betriebe mit ihr schmücken. Nachdem diese Aktion bereits seit mehreren Jahren überaus erfolgreich läuft, steht eine Weiterführung außer Zweifel, gibt es doch gerade im schönen Oberösterreich besonders viele Gaststätten, die sich mit zunehmendem Interesse und besonderer Sorgfalt der Wildküche annehmen.

Das Verfahren um den Verleihungsvorgang ist einfach: Betriebe, die sich für die Zubereitung von Wildgerichten entsprechend einsetzen, melden ihr Interesse beim jeweiligen Bezirksjägermeister an. Dieser hat dann die Aufgabe, ein so genanntes Testessen in den jeweiligen Lokalen auszurichten und an Ort und Stelle zu prüfen, ob die genannten Kriterien vom Bewerber erfüllt werden. Verläuft diese Erprobung positiv, dann gibt es etwas zu feiern: Die ehrenvolle Verleihung der Restaurantplakette durch den zuständigen Bezirksjägermeister.

Fischgasthof Aumüller | Obermühl

FISCHGASTHOF AUMÜLLER
A-4131 Obermühl 13

Telefon + 43 (0) 72 86 / 72 16
Telefax + 43 (0) 72 86 / 72 16 19

Das Mühlviertel ist das Hinterland des schönen oberen Donautals – dort wo die kleine Mühl in die Donau mündet – das dank seiner reichen Natur- und Wasserlandschaft die vielfältigsten Möglichkeiten für schöne Urlaubstage bietet. Das idyllische Donautal ist eine ideale Umgebung für viele Wanderungen, bei denen man, etwa beim Naturlehrpfad Schlögnerschlinge, Flora und Fauna einer unter Naturschutz stehenden Region betrachten kann. Der Wildpark Altenfelden besitzt für Europa eine einzigartige Hirschpopulation. Dieses Tierreservat steht unter dem Motto „Natur zum Angreifen". Weiters empfehlenswert ist ein Tagesausflaug auf der Donau in Richtung Passau oder eine lustige Ruderpartie auf einem Wikingerschiff. Für die Sportbootfahrer gibt es einen hauseigenen Yachthafen. Ideal für eine entspannte Radpartie ist der Donauradweg, wobei es auch eine Inlineskater-Möglichkeit gibt. Einen eigenen Radstall findet man im Gasthof Aumüller.

Die Donauwellen schlagen unweit des bekannten Gasthofes Aumüller an die Ufer – dort sitzt man im Sommer direkt am Wasser und genießt das Plätschern, die Farben der Natur und vor allem die köstliche Küche des Juniorchefs, Herrn Aumüller. Er lernte die Jagd schon von Kindesbeinen an und durchstreifte mit seinem Vater die Wälder der Gegend. Dank dieser Fachkenntnis und seiner Jagd-Begeisterung lässt er ganzjährig Wildspezialitäten auf seiner Karte sehen. Da er nur selbst erlegte Stücke für seine Speisen verwendet, wählt er die Teile mit Sorgfalt aus und der Gast genießt erstklassige Qualität. Das Lokal, durch seine unmittelbare Nähe zur Donau „Fischgasthof" genannt, bietet demzufolge eine breite Palette an Fischspezialitäten von Zander, Hecht, Marene, Saibling, Wels oder Forelle nach Art des Hauses oder in der Folie an. Am besten lässt man sich gleich vom Chef selbst oder

dem aufmerksamen Personal beraten. Nach sportlichen Aktivitäten rund um die reizvolle Donau und einem ausgiebigen Essen bei gutem Trunk und Geselligkeit kann man im Fischgasthof Aumüller natürlich auch vorzüglich übernachten – die Zimmer sind ruhig gelegen, haben zumeist Donau-Blick und morgens kann man sich an einem reichhaltigen Frühstücksbuffet delektieren. Immer wieder werden auch spezielle Wochenend-Arrangements – von Freitag bis Sonntag – liebevoll zusammengestellt. Ob bei Schifffahrten mit Schleusung, auf Wanderungen zum Aussichtsturm am Burgstall, bei der Besichtigung Europas erster Schaufleischerei, einer Mostverkostung und beim Besuch des Wikingerdorfes in Exlau, hier gibt es viel zu entdecken. Die Verpflegung ist selbstverständlich inbegriffen. Gemütlich und entspannt können die Gäste den Abend entweder im Gastgarten oder im Jägerstüberl des Fischgasthofes Aumüller perfekt ausklingen lassen.

REHRÜCKEN MIT SPARGEL

Zutaten
1 ganzer ausgelöster Rehrücken, fein pariert
1 Bund grüner Spargel
1 Bund junge Karotten
1 kg heurige Kartoffeln
grüne Pfefferkörner in Lake
Speckwürfel
Zwiebel
etwas Mehl
Salz, Pfeffer
Wildgewürz (Wiberg) nach Bedarf
frischer Rosmarin
etwas Suppe oder Rehfond
Butter
Rotwein

Zubereitung
Rehrücken in vier gleiche Stücke schneiden und mit Salz, Pfeffer und Wildgewürz würzen. In der Pfanne rundum scharf anbraten und in eine Alu-Folie wickeln.
In der Pfanne Zwiebel und die Speckwürfel anschwitzen, die Pfefferkörner beigeben, mit etwas Mehl stauben und mit etwas Suppe oder Fond und dem Rotwein aufgießen.
Die Rehfilets aus der Folie nehmen und kurz mitdünsten lassen, abschmecken und schön rosa gebraten und aufgeschnitten mit dem gekochten Spargel, Karotten und den heurigen Kartoffeln (noch in der Schale) anrichten.
Als Garnitur eignet sich etwas Obershaube und Preiselbeermarmelade.
Gutes Gelingen wünscht Erich Aumüller!

Furtner-Wirt | Antiesenhofen

FURTNER-WIRT
Maasbach 5
A-4980 Antiesenhofen

Telefon + 43 (0) 77 67 / 247

Das kleine Dorf Antiesenhofen liegt im Herzen des Innviertels und ist ein ruhiger, nahezu beschaulicher Ort, wo die Natur zum Genuss einlädt. Genießen kann man auch kulinarische Schmankerln im örtlichen Gasthaus, dem Furtner-Wirt, der heute von Bernadette und Roman Demmelbauer-Ebner geführt wird. Das schöne Gasthaus, dessen Mittelbau runde 100 Jahre alt ist, ist bereits in fünfter Generation im Familienbesitz und wurde anfangs nur als kleines Wirtshaus, ein sogenanntes Geiwirtshaus, betrieben. Im Jahre 2002 wurde ein Speiselokal angebaut, das elegant, aber dennoch im ländlichen Stil eingerichtet ist. Hier kann man nicht nur sehr gut essen, sondern sich auch gleichzeitig sehr wohl fühlen. Dafür steht auch im Sommer ein wunderbarer Gastgarten mit alten Bäumen und schönem Ausblick zur Verfügung.

Das Gasthaus wurde von Bernadette und Roman Demmelbauer-Ebner 2002 von den Eltern Romans übernommen. Er selbst führt seitdem die Küche. Die vielfältigen Erfahrungen in der Top-Gastronomieszene, wie beispielsweise im Hotel Schloss Fuschl, trugen dazu bei, dass er seine Kochkunst perfektionieren konnte. Tatkräftig unterstützt wird er dabei von seiner Mutter und zwei weiteren Mitarbeitern. Bernadette Demmelbauer-Ebner begann als Quereinsteigerin im Gasthaus und legte nach kurzer Zeit erfolgreich die Konzessionsprüfung für Hotel und Gastronomie ab. Heute leitet sie mit Schwung, viel Begeisterung sowie Engagement das gemütliche und schöne Gasthaus. Das Ehepaar zieht auch kulinarisch an einem Strang: Sie konzentrieren sich vorwiegend auf ein breites Angebot an Innviertler Spezialitäten, die aber stets mit einem modernen Touch versehen sind. Durch ausgezeichnete Kontakte zu den Jägern der Umgebung wird Roman Demmelbauer stets, je nach Jagdglück, direkt mit heimischen Wildbret beliefert, das er gerne und gekonnt zubereitet – sei es während der Wildtage im Herbst als auch als à la carte-Programm.

Viele Spezialangebote werden beim Furtner-Wirt zu saisonalen Schwerpunkten gerne angeboten: Spargel- oder Schnitzeltage, Fischspezialitäten, Lamm- oder Kitzlgerichte, Steirische Wochen und vieles mehr. Die Weinkarte bietet ausschließlich sehr gute Weine aus Österreich an, wobei der Furtner-Wirt prinzipiell aber eher ein bierlastiges Lokal ist. Am meisten bevorzugen die Gäste das Rieder Bier oder auch das erfrischende Rieder Weißbier.
Die vielen Gäste setzen sich aus Urlaubern, Badegästen aus der Thermenregion, Geschäftsleuten und Familien zusammen – alles was Hunger und Durst hat, kommt gerne immer wieder zum Furtner-Wirt und dem Ehepaar Demmelbauer-Ebner, die es wunderbar verstehen, ihre Gäste auf herzliche Art zu verwöhnen.

TAUBENBRÜSTCHEN IN SCHWAMMERLSAUCE

Zutaten
10 Taubenbrüstchen
2 EL Preiselbeermarmelade
1 EL Senf
10 dag Karotten
10 dag Selerie
etwas Ingwer
etwas Piment
Thymian
Beizenkraut
1 cl Essig
1/2 TL Worcestersauce
1 TL Öl
5 dag Butter
1/2 l Rotwein

Sauce
10 dag Butter
10 dag Mehl
1/2 l Wildfond
2 dag Eierschwammerl
3 dag Speck, dünn geschnitten
1 TL etwas Senf

Zubereitung
Die Taubenbrüstchen mit Salz, Pfeffer, Senf, Preiselbeermarmelade, ganz wenig Wurzelwerk, Ingwer, Piment, Thymian, Beizkraut, etwas Essig, Wacesersauce, Öl, Butter, Rotwein normal braten und des Öfteren mit Rotwein ablöschen. Dunkel-Einbrenn mit Suppe und Rotwein aufgießen, Sauce damit binden und aufkochen lassen. Fleisch herausnehmen, alles durchpassieren. Mit Speck und angebratenen Eierschwammerln vollenden und abschmecken. Das Gericht sollte etwas süßlich schmecken. Als Beilagen eignen sich Kroketten oder Semmelknödel oder Rotkraut bzw. Weißkrautsalat und Kartoffeln.

Gasthof Jägerwirt | Au an der Donau

GASTHOF JÄGERWIRT
Oberer Markt 24
A-4332 Au an der Donau

Telefon + 43 (0) 72 62 / 585 14
Telefax + 43 (0) 72 62 / 585 14 - 9

In den Wintermonaten Ruhetag: Donnerstag

Erholung auf dem Land verspricht der idyllisch gelegene Jägerwirt in Au an der Donau, mitten im oberösterreichischen Mühlviertel gelegen. Dort paaren sich auf das Feinste Tradition und Mühlviertler Gastlichkeit, die man in den wunderschönen Räumlichkeiten des Gasthofs von Frau Johanna Landerl so richtig entspannt genießen kann und die, da sie selbst auch Jägerin ist, im Zeichen der Jagd eingerichtet und benannt sind: Die Jägerstube oder der trophäengeschmückte Jagdsaal lassen das frisch zubereitete, heimische Wild noch besser schmecken und umgeben den Gast mit dem richtigen, rustikal-gepflegten Ambiente. Wild findet sich beim Jägerwirt meist zu allen Saisonen auf der Karte und man serviert gerne Lasagne vom Reh, Hirschkalbsrückensteak oder einen gedünsteten Rehschlögel in feiner Wildsauce. Doch man kocht auch Weidegansl, Fisch und Mühlviertler Weidelamm und vor allem bodenständige Gerichte, großteils mit Produkten der Region, ein vegetarisches Schmankerlbuffet, ein g'schmackiges Bratl oder auch hausgemachte Süßspeisen. Die gediegene Atmosphäre des familiär geführten Hauses erstreckt sich aber auch auf das gemütliche Kaminstüberl, den Wintergarten, den Festsaal oder, absoluter Hit im Sommer, den lauschigen Innenhof-Gastgarten. Hier lässt es sich angenehm verweilen und wenn man zu den köstlichen Speisen noch ein gutes Tröpferl Wein aus den besten Rieden Österreichs wie der Wachau, dem Kremstal oder dem Kamptal zu sich nimmt, dann ist die kulinarische Harmonie perfekt. Auch Weinverkostungen im historischen Gewölbekeller mit einem köstlichen Menü dazu werden gerne arrangiert.

Bedingt durch die Nähe zur Donau gibt es viele Ausflugsmöglichkeiten, die man auch leicht per Fahrrad besichtigen kann, ist das Gelände doch eher eben bis leicht hügelig und somit ideal für eine sportliche Radtour. Enns, die älteste Stadt Österreichs oder das Barockstift St. Florian mit der berühmten Brucknerorgel und einem eigenen Jagdmuseum laden zum Besuch ein, ebenso wie die Altstadt von Steyr oder der alte Stadtkern von Freistadt. Bade- und Sportmöglichkeiten findet man direkt

in Au an der Donau und ein Kinderspielplatz ist bei den Kleinen eine Attraktion. Wenn man nach den Aktivitäten des Tages in den gemütlichen Gasthof zurückkehrt und sich an den Spezialitäten der Küche delektiert hat, so sollte man am besten in einem der fünf gediegen eingerichteten Zimmer des Jägerwirtes übernachten. Die Komfortzimmer verfügen über Dusche und WC sowie SAT-TV und morgens kann man sich von einem reichhaltigen Frühstücksbuffet bedienen.
Gerade der prächtige Jagdsaal oder auch der große Festsaal sind idealer Rahmen für Feste, die gerne beim Jägerwirt gefeiert werden: Hochzeiten, Taufen, Seminare, Präsentationen oder kulinarische sowie musikalische Herbstwochen – jede Veranstaltung wird vom engagierten Team der Johanna Landerl detailliert geplant und im festlichen Ambiente werden dem Gast unvergessliche Stunden geschenkt.

GEDÜNSTETER REHSCHLEGEL IN FEINER WILDSAUCE

Zutaten
1 kg ausgelöster Rehschlegel
15 dag Wurzelwerk
10 dag Zwiebel
2 EL Preiselbeeren
5 EL Öl
1 TL Tomatenmark
2 dag glattes Mehl
6 dag Räucherspeck
1/8 l Rotwein
10 dl Suppe oder Wildfond
Salz, schwarzer Pfeffer aus der Mühle
8 Pfefferkörner
1 Lorbeerblatt
1 Thymiansträußchen
5 Wacholderbeeren

Zubereitung
Rehschlegel mit Spagat straff binden, mit Salz, Pfeffer kräftig würzen. Öl in Bratentopf erhitzen, Schlegel von allen Seiten schnell anbraten, aus der Pfanne heben. Im selben Fett Zwiebel und Speck anrösten, geschältes Wurzelwerk klein würfelig schneiden, anrösten und Tomatenmark mitrösten. Mit Fond oder Suppe ablöschen, aufkochen. Restliche Gewürze mit Fleisch und Preiselbeeren hinzufügen. Zugedeckt im Rohr bei 180 °C dünsten. Fleisch aus der Sauce heben, Spagat lösen, Rotwein mit Mehl verrühren, in die Sauce gut einrühren, verkochen. Sauce durch ein feines Sieb seihen, Fleisch tranchieren und mit der Sauce begießen. Garungsdauer ca. 2 Stunden. Beilagenempfehlung: Schupfnudeln, Topfenkroketten, eingelegtes Obst, Rotkraut.

Hotel Gasthof Danzer | Aspach

HOTEL GASTHOF DANZER
Höhnharterstraße 19
A-5252 Aspach

Telefon + 43 (0) 77 55 / 70 66 - 0
Telefax + 43 (0) 77 55 / 70 66 - 69

Ein großzügiges Hotel mit Ambiente – das ist das Hotel Danzer, in einer der reizvollsten und anmutigsten Landschaften Oberösterreichs, dem Kobernaußerwald, gelegen. Hier findet man Ruhe, prächtigste Natur, Entspannung und Lebensqualität. Schon bei der Kulinarik geht es gleich ums Verwöhnt werden, bietet doch die Küche ein abwechslungsreiches regional wie auch international orientiertes Speisenangebot, das meist aus den köstlichen Produkten der Region stammt. So auch die frischen Wildgerichte, die, meist vom Chef Herrn Josef Danzer selbst erlegt, zu herrlichen Speisen verarbeitet werden. Weithin bekannt ist das Hotel Gasthof Danzer für seine Hasenspezialitäten, da im eigenen Revier eine stattliche Anzahl davon vorkommt und im Restaurant auf das Beste bereitet wird. Aber auch „Sepp's" Wildererpfand'l" mit Serviettenknödel und Salat wird gerne gewählt. Für die Wildwochen des Gasthofes Danzer empfiehlt sich eine rechtzeitige Reservierung, da die angebotenen Wildbret-Speisen äußerst beliebt und begehrt sind. An regionalen Schmankerln bietet die Danzer'sche Küche Besonderheiten wie eine Knödelüberraschung aus der Kanone mit Kraut, Danzer's Surbrat'l oder – echt innviertlerisch – aufgebratene Speckknödel.

Jene, die es leichter lieben, werden mit den ausgezeichneten Vitalgerichten ihre Freude haben: Karotten-Hirse-Laibchen oder Gemüse-Crêpes schmecken und sind gesund. Ein deftiger Senfrostbraten oder gegrillte Rindersteaks verwöhnen die Freunde der geschmackvollen Fleischküche. Für die Schleckermäuler gibt es eine große Auswahl an verführerischen österreichischen Mehlspeisen. Ein umfassendes Weinangebot rundet das kulinarische Programm perfekt ab. Die Zimmer des Hotels sind ruhig gelegen, großzügig angelegt und sehr komfortabel mit Dusche/WC, SAT-TV,

teilweise Balkon, Minibar, Safe und Fön ausgestattet. Für alle Gäste steht im Sommer auch ein gepflegtes Schwimmbad zur Erfrischung zur Verfügung. Im hauseigenen Wellness- und Vitalbereich kann man mit Hilfe des Kneippbeckens, des Danariums, der finnischen Stubensauna oder der Dampfkammer so richtig die Seele baumeln lassen und den Körper wieder mit neuer Energie auftanken.
Dies ist besonders dann sehr wichtig, wenn man gerade ein Seminar im Gasthof Hotel Danzer erlebt – modernste, bestausgestattete Seminarräume, Tagungsgastronomie sowie faire Preisangebote lassen jedes Meeting zu einem guten Erfolgsfaktor für ein Unternehmen werden.
Der familiäre Stil des Hauses, die wunderbare Atmosphäre im Einklang mit der Natur lassen die Zeit, die man hier in Aspach verbringt, leider nur allzu rasch vergehen – ein Wiederkommen ist garantiert!

DANZER´S HASENJUNGES

Zutaten für 1 Portion
ca. 40 dag Hasenfleisch
3 mittlere Karotten
2 Zwiebeln
1 Sellerie
Essig, Salz, Zucker, Lorbeerblätter, Wacholderbeeren,
Pfefferkörner, Thymian, Beizkraut
Preiselbeerkonfitüre
1 Orange

Zubereitung
Das wichtigste beim Danzer´s Hasenjungen ist die Beize: Wasser mit einem Schuss Essig, etwas Salz, Zucker, Lorbeerblättern, Pefferkörner, Wacholderbeeren und Thymian aufkochen. Auskühlen lassen. Anschließend das zerteilte Hasenfleisch mit Karottenscheiben, Zwiebeln, Sellerie und „Beizkräutl" 2–3 Tage einmarinieren. In einer Pfanne Öl erhitzen, den zerteilten, gewaschenen, einmarinierten Hasen mit dem Gemüse der Marinade kräftig anbraten, bis es dunkel ist. Anschließend mit Beize und Rotwein aufgießen, aufkochen lassen und mit Salz, Pfeffer, Preiselbeeren und Orangenscheiben nach Belieben abschmecken. Mit Rahm-Mehl-Gmachterl binden.

Serviert wird das Danzer´s Hasenjunges mit Semmelknödel und Kartoffeln. Zur Garnitur empfiehlt sich eine Orangenscheibe mit Preiselbeeren und etwas Petersilie. Guten Appetit !

Landhotel Gasthof Grünberg am See | Gmunden

LANDHOTEL GASTHOF GRÜNBERG AM SEE
Traunsteinstraße 109
A-4810 Gmunden

Telefon + 43 (0) 76 12 / 777 00
Telefax + 43 (0) 76 12 / 777 00 - 33

Die Nähe eines Gewässers bietet immer einen perfekten Rahmen für Entspannung und Erholung. Und diese findet man ganz leicht im traditionsreichen Landhotel Gasthof Grünberg, in unmittelbarer Nähe des zauberhaften Städtchens Gmunden gelegen, direkt am Ostufer des romantischen Traunsees.

Die Gegend rund um den See bietet zu jeder Saison einen großen Variantenreichtum für Aktivitäten – sei es Segeln, Schwimmen oder Wasserskifahren, sei es Wandern in den nahen Bergen, Mountainbikefahren oder einfach nur Spazierengehen im Sommer, Skifahren und Rodeln in den Wintermonaten. Bewährte Kulturangebote der Region vervollständigen das Erlebnisprogramm.

Genießen kann man den Traunsee aber auch direkt vom Landhotel Gasthof Grünberg aus, haben doch die Zimmer und das gemütliche Restaurant sowie die herrliche Panorama-Terrasse alle die Blickrichtung auf den See. Der hauseigene Badeplatz steht exclusiv den Hotelgästen zur Verfügung. Wenn man also nach einem herrlichen Tag in der wunderschönen Natur rund um den Traunsee in das Landhotel zurückkehrt, lädt die Sauna oder eine Massage zur weiteren Entspannung ein. So gestärkt kann man sich die Kulinarik des Hauses, das seit Generationen in Familienbesitz ist und heute von Ingrid und Franz Pernkopf erfolgreich geführt wird, in vollen Zügen munden lassen. Die Küchenlinie definiert sich durchaus bodenständig in Kombination mit zahlreichen Raffinessen. Beste frische Zutaten, vor allem aus der Region, werden zu einem breiten Spektrum an Gerichten gekonnt verarbeitet: regionale Schmankerln, etwa die Gmundner Fischsuppe von Traunsee-Fischen. Schafskäse oder geröstete Blutwurst mit Sauerkraut spannen einen erfreulichen Bogen bis hin zu vegetarischen, kreativen Gerichten. Durch den reichlichen Wildbestand der idyllischen Natur wird auch zartes Wildbret immer wieder auf der Karte des Landhotels zu finden sein. Spezialitäten wie Fasanenbrust im Speckmantel mit Rotweinpreiselbeersauce und Birnenkroketten, Wilderer Pfand'l mit

Steinpilzsauce, Speckbohnen und Kartoffelroulade oder Hirschfilet im Dörrfruchtmantel mit Nusssauce, Krautstrudel und Schupfnudeln laden zum Genuss ein. Nach der Hauptspeise sollte man unbedingt auch noch eine der hausgemachten, exzellenten Mehlspeisen wie Topfenknödel oder eine köstliche Torte probieren. Der bestens sortierte Weinkeller des Landhotels bietet eine große Auswahl an guten Tropfen und der Sommelier berät gerne, um eine harmonische Weinbegleitung zum Essen zu finden.

Angelockt durch die wunderschöne Lage des Landhotels und wegen seiner feinen Küche finden sich viele Stammgäste bei der Familie Pernkopf ein, um die Gemütlichkeit und Gastlichkeit des Hauses zu genießen. Der Leitspruch der Familie Pernkopf „an schönen Plätzen sollte man in Ruhe verweilen" besteht zu Recht, denn hier am Traunsee lassen sich wunderbare Stunden verleben

HIRSCHSCHNITZEL IM HASELNUSSMANTEL MIT ROTKRAUT

Zutaten
4 Hirschschnitzel à 150 g
Salz
weißer Pfeffer
für den Haselnussmantel:
2 Eier
etwas Mehl
Haselnussplättchen (mit der Hand etwas zerreiben)
Semmelbrösel
heißes Pflanzenfett zum Backen
1 kg Rotkraut, fein nudelig geschnitten
150 g Feinkristallzucker
1 kleine Zwiebel, fein geschnitten
1/2 l Orangensaft
Saft einer Zitrone
1/4 l Rotwein
1/8 l Wasser oder Bouillon
Salz, Pfeffer, Zimt
etwas Weizenstärke zum Eindicken

Zubereitung
Hirschschnitzel leicht klopfen, mit Salz und Pfeffer würzen, in Mehl wenden, durch aufgeschlagenes Ei ziehen und in ein Gemisch aus Brösel und Haselnussblättchen geben, die Panier gut andrücken. Fett in einer Pfanne erhitzen und die Schnitzel langsam goldbraun herausbacken. Auf Küchenpapier abtropfen lassen. Als Beilage Rotkraut und Rosmarinkartoffeln (gekochte Kartoffeln in frischer Rosmarinbutter schwenken).

Das Rotkraut fein schneiden, Zucker in einem Topf karamellisieren, Zwiebel und Rotkraut dazu geben und mit Orangensaft und Rotwein aufgießen, würzen, kochen lassen, Wasser oder Suppe mit Stärke verrühren und kurz vor Ende der Garzeit damit eindicken. Nochmals gut durchkochen. Durch die Weizenstärke erhält es auch einen schönen Glanz. Geschmackliche Abänderung durch Beigabe von Ribiselmarmelade, Preiselbeeren, Ingwer, Kümmel, Koriander, Wacholder, Lorbeer oder Nelken. Zusätzlich noch fein geriebenen Apfel dazu mengen.

Erdäpfelhof Landhotel Rankleiten | Pettenbach im Almtal

ERDÄPFELHOF LANDHOTEL RANKLLEITEN
Dürndorf 58
A-4643 Pettenbach im Almtal

Telefon + 43 (0) 75 86 / 88 19
Telefax + 43 (0) 75 86 / 88 19 - 6

Kein Geringerer als Adalbert Stifter schrieb über die Landschaft des inneren Almtales „die Landschaft ist's, die hier den Ton angibt" und dieser ist sehr leise, denn die Gegend strahlt herrliche Ruhe und Gelassenheit aus, wirkt wie eine Oase in einer schnelllebigen Zeit. Wälder und Wiesen schenken dem Almtal eine Naturschönheit mit reichlich Wander- und Spaziermöglichkeiten. Dies erklärt auch die zahlreichen Urlaubsgäste, die sich hier stets gerne einfinden. Ein besonders attraktiver Ort für den Urlaub ist der Erdäpfelhof Landhotel Rankleiten, in dem bereits seit 1432 die Gastwirtschaft auf das Beste gepflegt wird. In diesem Entstehungsjahr wurde der Hof als „Ränklein's Gut an der Leithen" erwähnt. Er liegt zwischen den Gemeinden Pettenbach und Scharnstein an dem Ort, der dem Haus auch heute noch seinen Namen gibt. Der traditionelle Familienbetrieb wird von der Familie Siegfried Mayr seit Generationen geführt und besitzt eine ganz große Besonderheit: Der Erdäpfel steht im Mittelpunkt – ja, richtig – der Erdapfel! Wo immer man auf ihn trifft, staunt man über seine gesundheitsfördernde Wirkung. Er senkt den Blutdruck, die Blutfette und Harnsäurewerte, er entwässert und entlastet dadurch Herz und innere Organe. In der Rankleiten hat man sich darauf spezialisiert, seine positiven Wirkungen in der Kulinarik zu nutzen. Die Küche bietet stets die besten Produkte der Region, unverfälscht und echt. Aus diesen Rohstoffen werden viele verschiedene Erdäpfelgerichte aber auch traditionelle, österreichische Schmankerln kreiert. Auf Wunsch kann man hier eine Erdäpfel-Diät machen, die abwechslungsreich, schmackhaft und sättigend ist.
Die herrliche Natur rund um den Erdäpfelhof im Almtal besitzt einen großen Wildreichtum und Senior und Junior Mayr sind naturbewusste und begeisterte Jäger. Dadurch findet man auf der Speisekarte der Rankleiten sehr oft köstliche Wildgerichte wie Hirschkalbsfilet, Rehbraten und Wildschweinschnitzl in der Erdäpfelkruste. Die Forelle aus dem Almfluss, der dem Tal den Namen gibt, allerdings ist das ganze Jahr über eine besondere Delikatesse.

Doch hier in der Rankleiten wird der Erdapfel nicht nur zum Verzehr verwendet – er kann nämlich noch viel mehr: Die eigene Wellness- und Beauty Abteilung des Landhotels setzt die gesunden Knollen für wohltuende Behandlungen ein. Gönnen Sie sich einen heissen Erdäpfel-Wickel zur Stärkung des Bindegewebes, zur Entgiftung des Körpers und damit die Leber bei Laune bleibt, oder aus rohen Erdäpfeln eine Packung, die durchblutet, Venenerkrankungen und Cellulitis bekämpft. Inhalationen helfen den Bronchien, Hand- und Fußbäder wirken rheumatischen Schmerzen entgegen. Ein Erdapfel-Ziegenmilchbad – eventuell bereichert durch hochwertige ätherische Öle – vermittelt den Gleichklang von Körper, Geist und Seele. Entspannen, im Einklang mit sich sein, das garantiert der sympathische, gepflegte Erdäpfelhof Rankleiten, wo sich jeder Gast sofort wie zu Hause fühlt.

WILDLEBER NACH JÄGER'S ART

Zutaten
60 dag Leber vom Reh-, Hoch- oder Schwarzwild (am besten frisch erlegt)
15 dag Zwiebel
7 dag Butter
7 dag Öl
2 EL Preiselbeeren
Majoran
Schale einer ganzen Zitrone
Salz
Pfeffer
Mehl
Rindssuppe
Rotwein

Zubereitung
Leber feinblättrig schneiden, mit Pfeffer und Majoran würzen. In einer Pfanne Öl und Butter gemischt erhitzen, kleinwürfelig geschnittene Zwiebel darin hellgelb anschwitzen. Die Leber mit der Schale einer ganzen Zitrone dazugeben und kurz und kräftig braten. Mit Mehl stauben, mit einem kräftigen Schuß Rotwein ablöschen und mit leichter Rindssuppe aufgießen. Aufkochen bis der Saft leicht sämig wirkt. Preiselbeeren dazugeben. Nochmals mit frischem Majoran und wenig Salz nachwürzen. Serviert wird mit herben Preiselbeeren und Erdäpfel, Weißbrot dazu reichen. Hervorragend schmeckt dazu der Langenloiser Landhotel-Zweigelt mit der typischen Weinviertler Säure.
Leber vom Wild ist selten auf einer Speisekarte zu sehen, da sie nach alter Tradition ausschließlich zum Verzehr für den Schützen und seine Jadgfreunde bestimmt ist.

Wirt am Markt | Taiskirchen

GASTHAUS „WIRT AM MARKT“
Hofmarkt 33
A-4753 Taiskirchen

Telefon + 43 (0) 77 64 / 84 02
Telefax + 43 (0) 77 64 / 840 24

Ruhetage: Montag und Dienstag

Im Herzen des oberösterreichischen Innviertels liegt, eingebettet in eine liebliche, leicht hügelige Landschaft, der „Wirt am Markt“ der Familie Ziegler. Das Traditionsgasthaus wurde bereits im Jahre 1522 urkundlich im Zusammenhang mit dem „Markt“ in Taiskirchen erwähnt. Die frühere Bezeichnung „Gasthaus und Viehhandel“ wird ganz bewußt seit 1934 bis heute geführt, denn das Gasthaus wird bereits in der dritten Generation von der Familie Ziegler betrieben. Rudolf und seine Gattin Helga Ziegler haben im Jahr 1993 den großen Saal wunderschön renoviert und die Modernisierung des gesamten prachtvollen Baues ging, nach der Vollendung des Weinkellers, bis in das Jahr 2004.

Der Keller und seine Vinothek sind heute eines der Prunkstücke des Hauses – man verwendete für den Umbau ca. 12 000 Stück „Original Kaiserwappenziegel“ und schuf damit geschmackvolle Weinregale, Rundbögen und diverse Verzierungen. Die gelagerten Spitzenweine, ausschließlich von großen österreichischen Winzern, sind in ihren Regalen mit Hintergrundbeleuchtung gelagert, ein großer Ziegeltisch in der Mitte des Raumes lädt zum genussvollen Verkosten der kostbaren Tropfen ein. Weinverkostungen im kleinen Rahmen mit professioneller Beratung gibt es dort, ebenso wie den Aperitif, begleitet von kleinen Cocktailhäppchen, bei festlichen Anlässen.

Die Gaststuben sind allesamt liebevollst renoviert worden und zwar nach dem Vorbild der authentischen Innviertler Wirtsstub'n – Holztäfelungen an den Wänden und der Decke, rustikale Eckbänke und Tische, adrett und gekonnt arrangiert. Hier kann man die außergewöhnlich gute Kulinarik des „Wirt am Markt“ in Ruhe genießen. Rudolf Ziegler nennt seine Küchenlinie „gehoben, aber immer bodenständig“ und das Gasthaus ist besonders bekannt für seine Fisch- und Wildspezialitäten. Die Fischplatte für 2 Personen ist der Renner und im Frühjahr und Sommer dominieren heimische Frischfische das Programm. Herbst und Winter stehen ganz im Zeichen ausschließlich heimischen Frischwildes.

Die Hobbys der Familie Ziegler haben alle mit der Natur zu tun und so ist es kein Wunder, daß man sich auch mit Haut und Haar der Jagd und der Falknerei verschrieben hat. Wildgerichte haben deshalb einen Fixplatz auf der Speisekarte des Hauses und werden von den zahlreichen Stammgästen mit Vorliebe gegessen. Beim „Wirt am Markt“ kann man aber auch vom 1. Mai bis 30. September „Leben am Teich“ bewundern – im Garten des Besitzes ist ein Naturlehrpfad von Herrn Ziegler selbst angelegt worden, der ein Megaaquarium, Trockenbiotope, Kräutergarten und alles Wissenswerte über heimische Bäume, Sträucher und Tiere bietet. Ein Genuss für Jung und Alt – eine perfekte Kombination von gutem Essen, Trinken und Naturerlebnis.

REHRÜCKENMEDAILLONS IN EIERSCHWAMMERLSAUCE UND WILDKRÄUTERKNÖDEL

Zutaten
80 dag Rehrückenfilet
2 Zwiebeln
20 dag Eierschwammerl
? Schlagobers
Rotwein
Salz, Pfeffer
Rosmarin
Wildkräuterknödel:
Knödelbrot
4 Eier ,Milch
etwas Mehl
1/8 Butter
Zwiebel
Schnittlauch, Petersilie, Spitzwegerich, Brennesseln,Brunnenkresse, Sauerampfer

Zubereitung
Mit einem scharfen Messer die Silberhaut abdressieren. Medaillons in 2 cm dicke Scheiben schneiden und würzen. In der Pfanne scharf beidseitig rosa braten. Medaillons herausnehmen und den Bratensatz mit Rotwein ablöschen. Zwiebeln fein schneiden und mit Butter goldgelb rösten, Eierschwammerl mitrösten und mit etwas Rotwein ablöschen, einreduzieren, Bratensatz und geschlagenes Obers zufügen, nicht mehr aufkochen. Zum Schluss gehackte Petersilie dazugeben. Medaillons anrichten und Eierschwammerlsauce drüber geben. Für die Wildkräuterknödel die Kräuter kurz in heißem Wasser blanchieren, mit Eiswasser abschrecken und mit Küchenrolle trocken tupfen. Knödelbrot in Milch einweichen. Fein geschnittene Zwiebel in Butter andünsten und grob geschnittene Wildkräuter zugeben. Diese Masse zum eingeweichten Knödelbrot geben, etwas Mehl zugeben und durchmischen.

TIPP:
Kleine Knöderl formen, dann einen Knödel kochen und einen anderen frittieren. Sieht toll aus und schmeckt auch gut!

Restaurant Zipfer Stub'n | Zipf

RESTAURANT ZIPFER STUB'N
Familie Brunner
Exelwöhr 41
A-4871 Zipf

Telefon + 43 (0) 76 82 / 23 59

Ruhetage: Mittwoch und Donnerstag

Wenn ein Restaurant nur 500 Meter von einer der bekanntesten Brauereien Österreichs, der Brauerei Zipf, gelegen ist und das noch dazu in der herrlichen Umgebung der Region Vöcklatal, zwischen Hausruck und Salzkammergut, dann lässt diese Tatsache zu Recht den Schluss zu, dass man hierorts auf das Allerbeste verpflegt wird.
Seit über 14 Jahren betreibt die Familie Brunner das freundliche Lokal, in dem alles selbst geplant und selbst gemacht ist. „In unseren Räumen steckt ein halbes Leben Arbeit," weiß Herr Walter Brunner zu berichten und so präsentieren sich heute die Gaststube, das Stüberl und der Garten rund ums Haus in hellem Holz, mit geräumigen Sitznischen und angenehm rustikalen Ambiente. Nachdem Herr Brunner die Ausbildung zum Koch und seine Lehrjahre in Salzburg absolviert hatte, bietet er heute eine bodenständige Küche mit Einflüssen aus der regionalen Umgebung an. Wichtig ist ihm bei allen Speisen eine frische, „à la minute"-Zubereitung, weil es so gekocht einfach am besten schmeckt. Das Wild für seine Küche bezieht er von der Jägerschaft Pfaffing, die es direkt aus dem Wald zu ihm liefert. Vorrangig ist dabei das Reh, das in zahlreichen Varianten auf den Tisch kommt: Sei es als Hauspfand'l mit Rehgeschnetzeltem, Steinpilzen und Preiselbeeren, sei es als Rehrücken nach Hausart mit Früchten und Pignoli, oder als Wildgrillplatte für zwei Personen, bei der neben dem Reh- auch Hirsch- und Gamsmedaillons mit Kroketten, Blaukraut und Obstgarnitur selbst den größten Hunger zu stillen vermögen. Während des ganzen Jahres gibt es viele Wild-Pfand'l-Gerichte und als besondere Spezialität der Umgebung bietet das Restaurant Brunner seine herrlichen Grammelknödel und Bratknödel mit Rind- und Schweinefleisch sowie Speckfülle an. Das Geheimnis dabei ist der Teig, der eher wie ein Nudelteig verarbeitet wird und aus dem mit der Fülle ganz kleine, köstlich schmackhafte Knödel händisch geformt werden. Dazu wird Kraut serviert. Da der Ort Zipf inmitten der prächtigsten Natur liegt, hat sich

Herr Walter Brunner zum professionellen Pilzsammler entwickelt und pflückt eigenhändig die schönsten Stein- und Herrenpilze sowie auch Röhrlinge und Birkenpilze, die ganz frisch zubereitet werden.
Durch die unmittelbare Nachbarschaft mit der Brauerei Zipf ist es auch verständlich, dass man bei „Brunner's" vornehmlich ein Bierwirtshaus entdeckt, in dem vier Sorten Zipfer-Bier, alle direkt vom Fass, angeboten werden. Besonders empfehlenswert zu den Wildspeisen ist das Bock-Starkbier wegen seines kräftig-herben Geschmacks. Doch auch Weinfreunde gehen nicht leer aus: Die Top-Qualitätstropfen vom Winzer Hiedler aus Langenlois werden hier seit Jahren geschätzt und ausgeschenkt.
Für die vielen Stammkunden gibt es vier komfortable Zimmer und damit steht geruhsamen Tagen mit optimaler Verpflegung in familiärer Atmosphäre nichts mehr im Wege.

WILDGRILLPLATTE

Zutaten
Stück vom Schlögel
Rücken von Reh, Hirsch und Gams
Wurzelgemüse (Zwiebel, Karotten Sellerie, Lauch, Petersilie)
Speckabfälle
etwas Salz, Pfeffer, Wacholder, Thymian
Pignoli, Rosinen, Rotwein, Rindsuppe, Süßrahm, Stärkemehl, fein gehackte Tomaten, Preiselbeermarmelade

als Garnitur
Kompott-Birnen, Pfirsich, Ananas, Mandarinen
frische Pilze (wenn möglich Waldpilze)
einige Speckscheiben
als Beilage
Kartoffelkroketten und Gemüse

Zubereitung
Fleisch sauber von Knochen, Sehnen und Häuten befreien und in kleine Medaillons oder Schnitzerl schneiden. Knochen und Fleischabfälle mit Wurzelgemüse und den Speckabfällen anrösten, Tomaten und Preiselbeeren dazugeben, mit Rotwein ablöschen, Gewürze beigeben, mit Rindsuppe aufgießen und gut durchkochen lassen. Passieren, mit etwas in Rotwein aufgelöstem Stärkemehl binden und mit Rahm und Preiselbeeren verfeinern. Zwei Grillpfannen heiß werden lassen, Speckstreifen und die leicht gewürzten Fleischstücke beidseitig kurz anbraten lassen. In eine Pfanne Rosinen und Pignoli geben, in die andere geschnittene Pilze, diese kurz mitrösten lassen, mit einem Schuss Rotwein ablöschen und mit vorbereiteter Sauce etwas aufgießen und kurz ziehen lassen. Fertige Kartoffelkroketten auf einer vorgewärmten Platte in der Mitte anrichten, Fleisch beidseitig davon mit den beiden Saucen anrichten, daneben das Gemüse gefällig auflegen und die Platte rundherum mit vorgewärmtem Kompott und Preiselbeeren garnieren.

Landgasthaus zum Edi | Gutau

LANDGASTHAUS ZUM EDI
St. Oswalderstraße 3
A-4293 Gutau

Telefon + 43 (0) 79 46 / 63 02
Ruhetag: Dienstag

Schon der vor dem Landgasthaus aufgestellte Jägeransitz, der während der Wildwochen ebenso wie das Jägerzimmer dekoriert wird, zeigt deutlich, dass sich in diesem Haus vieles um das Wild dreht. Eben die Jäger aus der Umgebung versammeln sich regelmäßig in ihrem hübschen Jägerzimmer und genießen die diversen Wildspeisen, die vom jungen und sehr engagierten Koch und Eigentümer, Herrn Edi Priemetshofer jun. gekonnt zubereitet werden.

Herr Edi Priemetshofer jun. mit Freundin Martina Pöllitzer übernahm im August 2005 dieses Gasthaus, das seit über 40 Jahren im Besitz seiner Eltern, Burgi und Edi Priemetshofer sen. ist, und man profitiert kulinarisch von seiner exzellenten Kochausbildung in ersten Häusern wie dem Theater-Casino in Linz, den Drei Husaren in Wien oder auch von seinem Engagement im renommierten Hanger-7 unter Chefkoch Trettl und Patron Witzigmann. Herr Edi Priemetshofer sieht seine Herausforderung durch die Übernahme des elterlichen Betriebes vor allem darin, „Bodenständiges mit regionalen Produkten, die alle von den benachbarten Bauern stammen, mit Neuem zu kombinieren".

So stammt auch das servierte Wild aus der erwähnten Jägerrunde, die regelmäßig frisch Wildschwein, Wildenten, Reh oder Hase im Gasthaus abliefert. Daraus bereitet man dann Spezialitäten wie das Jägerpfandl, gegrillten Wildspieß, gegrillte Wildplatte „St. Hubertus" mit Wachtel oder Reh- und Wildschweinbraten. Als köstliche Beilagen fungieren gebackene Schupfnudeln oder eine echte Sauce Cumberland.

Eine Besonderheit im Landgasthaus „Zum Edi" ist erstens, dass hier alle Speisen auf dem Holzofen mit Buchenscheitern gekocht werden, was den natürlichen Produkten noch zusätzlichen Geschmack und Zartheit verleiht. Das zweite Faktum ist,

dass auch Frau Burgi Priemetshofer ihren Sohn in der Küche bestens unterstützt. Besonders freut man sich über die Mitarbeit der Großmutter, die mit 85 Jahren über die besten Kenntnisse bewährter und hervorragender Wildküche verfügt und während der ausgebuchten Wildwochen aktiv in der Küche tätig ist. In dem rustikalen und sehr gepflegten Gasthaus sorgt eine massive Holzdecke und eine geschmackvolle Einrichtung für Gemütlichkeit und da bereits Herr Edi Priemetshofer sen. mit Leib und Seele Wirt gewesen ist, pflegt man hier seit eh und je sein Stammpublikum, das immer wieder gerne „Zum Edi" kommt und auch, jenseits der Wildspezialitäten, mit g'standener Kost wie gefüllter Schweins- und Kalbsbrust, Mühlviertler Knödeln mit Speck und Kraut, Rindschnitzel oder geschmortem Kaninchen auf das Beste verwöhnt wird.
Ein Gedicht sind auch die Riesentortenstücke; unschlagbar ist die mit verschiedenen Schokoladecremeschichten versehene Malakofftorte; selbstverständlich alles hausgemacht!
Im bierlastigen Lokal serviert man ausschließlich österreichische Fassbiere wie Zwickel, Kaiser und natürlich ein Freistädter Bier.

ZWEIERLEI VOM REH, MIT WEICHSEL GEFÜLLTE KARTOFFELBUCHTELN UND GEDÜNSTETE KÜRBISSCHLEIFEN

Zutaten (für 6 Personen)
1 Rehschulter (1,5 kg)
Salz, weißer Pfeffer, Wildgewürz
Öl zum Anbraten
3 EL Butter
300 g Zwiebeln, gewürfelt
100 g Staudensellerie, gewürfelt
100 g Sellerie, gewürfelt
2 Lorbeerblätter
2 EL Tomatenmark
1 EL Mehl
1/2 l roter Portwein
300 ml Rotwein
6–7 EL Preiselbeeren
Für das Rehkarree:
1 Rehrückenhälfte, mit Knochen pariert
Salz, weißer Pfeffer, Öl zum Anbraten
Für die Buchteln:
125 g Milch
40 g Germ
120 g Butter
1 Ei
125 g griffiges Mehl
125 g glattes Mehl
250 g mehlige Kartoffel
100 g Weichsel
Für den Kürbis:
400 g Muskatkürbis
10 g Zucker
2 EL Weißweinessig
1/2 l Gemüsefond

Zubereitung
Gewürzte Rehschulter in Öl anbraten, aus der Pfanne nehmen. Gemüse in Butter rösten, Tomatenmark zufügen, mit Rot- und Portwein ablöschen. Wildfond beifügen. Rehschulter wieder beigeben und bei 180 °C 2–3 Stunden garen, hin und wieder wenden. Dann Schulter herausnehmen, Sauce passieren, Preiselbeeren dazu geben und auf die gewünschte Konsistenz einkochen. Vor dem Ende der Garzeit den Rehrücken mit Salz und Pfeffer würzen, in Öl anbraten und ca. 8 Minuten im Ofen braten. 6 Minuten rasten lassen. Dann in Butter bräunen. Für die Buchteln ein Dampfl aus Milch, Germ und Ei herstellen, rasten lassen, Mehl und Kartoffeln beimengen, rasten lassen, danach mit den gehackten Weichseln füllen. Bei 180 °C ca. 10 Minuten in einer gebutterten Dariolform backen. Den Muskatkürbis schälen, in Spalten schneiden, in Zuckerkaramel anbraten, mit Weißweinessig ablöschen, mit Geflügel-Fond aufgießen, würzen und weich dünsten.

Salzburg – das ist nicht nur die wunderschöne Landeshauptstadt, weltberühmt durch Wolfgang Amadeus Mozart, die jährlichen Festspiele, die barocken Prunkbauten, die Feste Hohensalzburg, 1077 erbaut und die größte vollständig erhaltene Burg Mitteleuropas und das gesellschaftliche, stark kulturelle Treiben. Salzburg ist auch das Land Salzburg, geteilt in fünf Bezirke, ein jagdlich höchst aktives Bundesland, in dem die herrliche Vielfalt der Natur einen starken Artenreichtum an Wild hervorbringt. Im nördlichen Flachgau gibt es Niederwildvorkommen, der Tennengau, Pongau und der nördliche Teil des Pinzgaus sorgen für reichlich Rot- und Gamswild, das aber ebenso im Lungau verstärkt vorkommt. In den alpinen Regionen gibt es auch Bestände an Stein- und Muffelwild. Im traumhaft schönen Salzburger Seengebiet findet sich auch oft die Saatgans, Graugans, Krick- und Tafelente sowie Grau- und Fischreiher. Generell ist Rotwild im Bundesland Salzburg sicher das am häufigsten vorkommende Wild. Die rund 8000 aktiven Salzburger Jäger, davon erfreulicherweise bereits neun Prozent Frauen, Tendenz steigend, bewirtschaften 1100 Jagdreviere ab 115 Hektar mit einer Gesamtjagdfläche von rund 715 000 Hek-

tar. Auch in Salzburg fördert die Jagd mit Erlösen aus Abschussverkauf, Steuern und Abgaben die Wirtschaft und sichert damit hunderte Arbeitsplätze. Das Jagdwesen wird im Lande Salzburg durch das 1993 beschlossene Jagdgesetz strikt durchgeführt, ist mit Grund und Boden untrennbar verbunden und gehört somit dem Grundbesitzer. Auch in Salzburg steht die Hege von Wild und von Wald im Vordergrund der Tätigkeiten der Jäger und somit wird in der Kulturlandschaft nicht nur die Lebensgrundlage der zur Jagd freigegebenen, sondern auch aller frei lebenden Tiere gesichert. Man legt Wert auf eine ökologisch ausgerichtete Jagd, die Bestände begrenzt, Schäden auf Wald und Flur damit eingrenzt und vor allem die wunderschönen und naturbelassenen Lebensräume für einen möglichst artenreichen Wildbestand sichert. Die Salzburger Jäger legen Wildäcker und Wildwiesen an, um damit Schäden an Bäumen gering zu halten und beschäftigen sich eingehend mit der Kontrolle der Wälder, was auch während

der harten Wintermonate die Wildfütterung betrifft, die dem Wild während der Kältesaison über Nahrungsmangel hinweghilft. Besonders in den hohen Salzburger Bergen ist diese Wildfütterung anstrengend und mühevoll zu bewerkstelligen, sie sichert jedoch das Überleben der dort vorkommenden Wildarten. Das Bundesland Salzburg ist durch seine eindrucksvolle und variantenreiche Natur, die von hohen Bergen bis zum Seengebiet reicht, zu Recht ein begehrtes Urlaubsparadies. Sämtliche Freizeitaktivitäten sind möglich: Skifahren und Tourengehen im Winter, alle Wassersportarten, Wanderungen, Mountainbiken oder Radvergnügen im Sommer, herrliche Wellness-Hotels und zu jeder Saison ein tolles Kulturangebot, das wiederum vom Salzburger Brauchtum bis zu international renommierten Konzert- oder Opernvorstellungen reicht. Es gibt alles, was der Mensch begehrt. Demzufolge ist auch die Gastronomie mit einem breiten kulinarischen Angebot im gesamten Bundesland sehr aktiv und rege: Die Verwendung des köstlichen und gesunden Wildbrets ist in der heimischen Gastronomie-Szene stark vertreten. Im ganzen Bundesland findet man sehr viele Betriebe, die sich ganzjährig die jeweils jagdsaisonal verfügbaren Wildsorten auf ihren Speisekarten nicht entgehen lassen und daraus höchst bekömmliche Köstlichkeiten kreieren. Eine besondere Initiative gibt es auch zwischen der Jägerei und den Salzburger Metzgern, die von der Jägerschaft mit heimischem Wildbret beliefert werden: Eine eigene Plakette „Heimisches Wild aus Salzburger Revieren“ macht die Privatkunden auf diesen besonderen Service aufmerksam.

Guglhof Edelbrände | Hallein

BRENNEREI GUGLHOF
Davisstraße 13
A-5400 Hallein

Telefon + 43 (0) 62 45 / 806 21
Telefax + 43 (0) 62 45 / 846 26

In der alten Salinenstadt Hallein liegt die älteste Brennerei Salzburgs – der Guglhof. Bereits 1641 errichtet, wird in den alten, gepflegten Gemäuern die Brennerei seit Generationen als Familienbetrieb geführt. Herr Anton Vogl, Brennmeister, und sein Sohn Christoph entwickelten die ursprüngliche Produktion einiger Obstbrände immer weiter und so stehen heute der Williams-, Marillen- oder Vogelbeer-Brand in den Verkostungsnotizen der Vinaria & Heine À la carte mit allerbesten Bewertungen da.
Auch das Culinarium Österreich prämierte die zehn Jahre im Fass gelagerten Brände als echte und authentische Spezialitäten wie den Alten Zwetschgen-Brand, Alten Apfel oder Alten Obstbrand aus Äpfeln und Birnen.
Das Motto des Guglhofes fasst Herr Anton Vogl so zusammen: „Wir machen unsere Produkte so, wie wir sie für uns selbst machen würden. Und es ist an der Zeit, sich der wahren Werte zu besinnen; das sind für uns Natürlichkeit und Qualität in Verbindung mit der jahrzehntelangen Guglhof-Tradition."
Für die Herstellung der Edelbrände wird demzufolge nur frisches und reifes Obst ausgewählt, das aromaschonend in temperaturgesteuerten Edelstahlbehältern gärt, in Kupfer-Brennblasen destilliert und mehrere Jahre sorgfältig gelagert wird.
Die Palette der Edelbrände aus dem Lande Salzburg umfasst auch Spezialitäten wie Waldhimbeere, Schlehe, Williams-Christ-Birne, Weichsel, Quitte oder Marille. Die Familie Vogl stellt neben den Bränden aber auch in traditioneller Weise köstliche Liköre, direkt aus der Frucht wie Brombeeren, Weichsel oder Herzkirsche gewonnen, her.

In einem Umfeld von Natürlichkeit, Ursprünglichkeit und Klarheit entstehen im Guglhof Edelbrände und Liköre von höchster Qualität und sie laden dazu ein, Originalität zu entdecken und zu genießen.
Seit 1980 hat man auch eine eigenständige, formschöne Flaschenform entwickelt, die diesen hochqualitativen Produkten, die von der Top-Gastronomie und dem feinen Delikatesshandel sehr geschätzt werden, die perfekte Präsentation bietet. Hübsche Holzkassetten mit Bränden von 0,1 bis 0,7 Litern runden das edle Sortiment ab und sind das ideale Geschenk für Verwöhnte.

Landgasthof Reitsamerhof | Werfen-Imlau

LANDGASTHOF REITSAMERHOF
A-5452 Werfen-Imlau

Telefon + 43 (0) 64 68 / 53 79 - 0
Telefax + 43 (0) 64 68 / 53 79 - 4

Ruhetage: Montag und Dienstag

Umgeben von der massiven Bergwelt des Tennen- und Hagengebirges liegt, unmittelbar am Tauernradweg, der familiär geführte Landgasthof Reitsamerhof. Durch die zentrale Lage ist er ein beliebter Ausgangspunkt in die Sportwelt Amadé oder den Tennengebirgsbahnen im Winter oder der Stadt Salzburg und dem Salzkammergut im Sommer.

Die Burg Hohenwerfen sowie die Eisriesenwelt (größte Eishöhle der Welt!) sind zusätzliche Attraktionen der schönen Gegend.

Familie Gschwandtner setzt auf Gemütlichkeit und gilt als Geheimtipp für Gastlichkeit, die auch schon prominente Gäste wie Richard Burton, Clint Eastwood sowie Tobias Moretti, um nur einige zu nennen, genossen haben.

Die modern ausgestatteten Zimmer mit Internetanbindung laden zu einem angenehmen Aufenthalt ein, bei dem natürlich auch eine gute Küche nicht fehlen darf.

Herr Gschwandtner, selbst Jäger, bezieht sein Wild unter anderem von Jagdkameraden und dem benachbarten Gut Imlau. Die „Wirtshauskuch'l mit Pfiff" kommt bei den zahlreichen Gästen, ob jung oder alt, besonders gut an.

Der Landgasthof Reitsamerhof lädt durch seine urige Gaststube, den abteilbaren Speisesaal und den eleganten Wintergarten zum Einkehren ein und wird deshalb auch immer wieder für Familienfeste, Geschäftsessen oder zum geselligen Beisammensein gern gebucht.

REHBEUSCHERL MIT BREZENKNÖDERL

Zutaten (für ca. 10 Personen)
2 Rehbeuschel mit Herz
20 dag Zwiebel
5 dag Gurkerl
7 dag Karotten
5 dag Sellerie
1 Stange Lauch
2 Erdäpfel
25 dag Butter
7 dl Blaufränkisch
1/4 l Sauerrahm
Petersilie, Majoran, Kümmel, Thymian
Salz, Pfeffer, Muskatnuss, Zitronenschale
Senf, Weinessig, Lorbeerblätter

Zubereitung
Beuschel beidseitig waschen, Herz halbieren, mit kaltem Wasser ansetzen, Salz, Thymian, Lorbeerblätter, Pfefferkörner beigeben, auf kleiner Flamme kernig kochen. Beuschel und Herz in feine Streifen schneiden, Zwiebel klein schneiden, Gemüse waschen und raspeln, Zwiebel in 10 dag Butter anschwitzen, Gemüse sowie etwas Beuschel beigeben und mitrösten, Wein, Gewürze und Kräuter dazugeben, auf kleiner Flamme bis zur Hälfte reduzieren. Restliches Beuschel, 15 dag Butter (braun) und Sauerrahm (Tipp: Sauerrahm mit 1 EL Mehl verrühren, um ein Ausflocken zu verhindern), zur Bindung 1–2 geschälte, rohe Erdäpfel in das Beuscherl raspeln; abschmecken und mit Brezenknöderl servieren.

Landgasthaus Weixen | Rauris

LANDGASTHAUS WEIXEN
Seidelwinkelstrasse 114
A-6551 Rauris

Telefon + 43 (0) 65 44 / 64 37
Telefax + 43 (0) 65 44 / 64 37 - 4

Ruhetag: Montag
Betriebsferien: Ostern bis Muttertag,
Ende Oktober bis Weihnachten

Telefonische Vorbestellung erbeten

Eingebettet in die faszinierende Bergwelt des Raurisertales, im letzten Winkel des Seideltales auf über 1000 Metern gelegen, findet man das urige Landgasthaus Weixen, das von Rosemarie und Hans Brandstätter familiär geführt wird. Auch deren Tochter Bianka und Sohn Daniel mit Freundin Barbara sorgen sich liebevoll um das Wohl der zahlreichen Gäste, die eine legere Gemütlichkeit des Hauses immer wieder schätzen.

„Bei uns wartet der Gast auf das Essen und nicht das Essen auf den Gast" erklärt Rosemarie Brandstätter die Philosophie des Hauses und damit ist ersichtlich, dass alle Speisen frisch und à la minute zubereitet werden. Großen Wert legt man auch auf den Einkauf biologischer Produkte aus der heimischen Region. Ebenfalls aus den direkt vor der Haustür gelegenen Jagdrevieren bezieht Familie Brandstätter das Wild für ihre herrliche Küche: Vorwiegend Gams aber auch Reh- und Rotwild oder Mufflons. Im Raurisertal gibt es den besten Lebensraum für das Wild und unter Aufsicht der obersten Jagdbehörde dürfen die geeigneten Tiere für die Wildküche auch erlegt werden. Wenn man in dieser herrlichen Umgebung aufgewachsen ist, ist es kein Wunder, dass Vater Hans und Sohn Daniel beide Jäger sind und die Stücke selbst zerlegen, bevor sie Frau Rosemarie zu ihren berühmten Spezialitäten nach vorwiegend althergebrachten Rezepten gekonnt zu Ragouts oder Braten weiterverarbeitet. Die Karte beginnt bei kräftigen Suppen mit Kaspressknödel oder Wildleberknödel, zahlreichen Salatvariationen je nach Saison, bietet diverse Schnitzelarten vom Wiener bis hin zum Samer Cordon Bleu und die Schleckermäuler werden mit den Preiselbeerpalatschinken, dem flaumigen Kaiserschmarrn oder selbst gemachten Kuchen ihre Freude haben. Nachdem zum Gasthof auch eigene Fischteiche mit dem reinsten Wasser gehören, kann man sich seine Forelle gleich selbst fangen und auf verschiedene Arten ganz frisch zubereiten lassen. Als „g'standene" Kost für die vielen Wanderer bietet sich Speck, Wurst und Käse sowie selbst gemachtes Treber Brot aus dem Hause an, das man am besten auf der Terrasse oder im Wintergarten des Gasthauses mit Blick auf das Bergpanorama einnimmt.

Was die Getränkeauswahl betrifft, so hat der Gasthof Weixen noch eine spezielle Attraktion parat: Sohn Daniel ist seit 2003 Braumeister und führt im Gasthof eine der höchstgelegenen Privatbrauereien Österreichs. Es gibt helles, dunkles oder gemischtes Bier mit einem Stammwürzegehalt von 12,5° oder das Weixen-Weizen. Die Biere passen hervorragend zur Küche und bei einem „Stehseidel", einem Seidelglas ohne Fuß zum Abstellen, sind schon manche lustigen Runden zustande gekommen. Für den Urlaub stehen verschiedene Ferienwohnungen wie die „Alm" oder das 350 Jahre alte Bauernhaus „Altes Haus" für Familien oder Pärchen zur Verfügung und garantieren in schönster Natur die beste Entspannung jenseits der hektischen Stadtwelt.

GAMSGULASCH

Zutaten
800 g Zuschnitte aus Keule oder Blatt
500 ml Rotwein
gemahlene Wacholderbeeren
Pfeffer aus der Mühle
Salz
30 g Butterschmalz
je 1 Sellerieknolle, Petersilienwurzel, Karotte
1/2 Zwiebel
250 ml Wildfond
70 g kalte Butterstücke
1 EL Balsamico
1 ELPreiselbeeren

Zubereitung
Fleischstücke in eine Schüssel geben, Rotwein zugießen und eine Stunde im Kühlschrank ziehen lassen. Die Stücke auf ein Sieb geben, den Rotwein auffangen, Gulasch mit Wacholder, Pfeffer und Salz würzen. Fett im Bräter erhitzen, Fleischstücke anbraten. Bratensatz zwischendurch mit Rotwein lösen. Das Wurzelgemüse zufügen, den restlichen Rotwein dazugeben und das Fleisch ca. 50 – 60 Minuten schmoren. Wildfond erwärmen und nach halber Schmorzeit dazugeben. Backofen auf 80 °C vorheizen, Fleischstücke mit einer Gabel herausnehmen, abgedeckt in einer Schüssel im Ofen warm halten. Bratrückstand durch ein Sieb in einen Stieltopf gießen, Essig und Preiselbeeren dazugeben, Sauce mit kalten Butterstücken montieren, mit Salz und Pfeffer abschmecken. Gulasch mit der Sauce und Beilagen wie zum Beispiel Polenta und Lauchgemüse servieren.

Orania Stüberl | Bad Gastein

ORANIA STÜBERL
Harlander & Sagmeister OEG
Bahnhofsplatz 2b
A-5640 Bad Gastein

Telefon + 43 (0) 64 34 / 62 64
Telefax + 43 (0) 64 34 / 62 64

Gleich vis-à-vis des Bahnhofs des renommierten Kurortes Bad Gastein, wo schon Kaiser Franz Josef zu seiner Zeit prunkvoll empfangen wurde, liegt das gemütliche Gasthaus Orania Stüberl, dessen Interieur durch viel dunkles Holz, behagliche Sitznischen und alten Glasfenstern in Blei gefasst besticht.
Die Geschwister Elfi und Robert führen das Haus seit 1998 und leben bewusst eine gute und echte Wirtshauskultur. „Wir wollen auch ein Wirtshaus sein und bleiben," ist das Motto des Geschwisterpaares, das damit in seinem Lokal für authentisches Wohlfühlen sorgt.
Unterstützt werden sie dabei vom Küchenchef Toni, der für eine ehrliche Küchenlinie ohne Schnick-Schnack steht. So finden die vielen Stammgäste, und unter ihnen auch zahlreiche internationale Touristen des berühmten Ortes, Hausmannskost wie Schweinsbraten mit Knödel und Kraut, Rindsgulasch, Wiener Schnitzel, Kalbsleber oder Lamm aus Muttertierhaltung, sowie vegetarische Köstlichkeiten und zudem gibt es auch immer wieder eine lokale Küche mit saisonalen Schwerpunkten wie den Bauernherbst, der in der Region von Dorfgastein bis Bad Gastein durchgeführt wird.
Im Orania Stüberl gibt es neben den klassischen Wildwochen im Herbst immer dann Wild, wenn es frisch vorhanden ist. Bezogen wird das Wildbret von der Firma „Tauernlamm" in den Pongauer Wäldern, die es aus dieser Region frisch liefert. Die Familienmitglieder selbst sammeln in der wunderschönen Umgebung die passenden Pilze und Küchenchef Toni bereitet aus diesen frischen Zutaten köstli-

che Spezialitäten: Hirschragout mit Polenta und Steinpilzen, Hirschkalbsbraten, Medaillons vom Hirsch- und Gamsrücken mit Mandelbällchen, Gamsgulasch mit Steinpilzen oder ein kurz gebratenes Rehschnitzel in Wacholderbeerrahmsauce mit Kroketten.

Da das Wirtshaus sehr familiar geführt wird, geht man auch ganz individuell auf die Wünsche der Gäste ein. Nach einer Hauptspeise hat sicher auch noch eines der besonderen Desserts des Hauses Platz: Vanilleeis mit Kastanienreis, Kastanien-Schoko-Parfait mit heißen Beeren oder ein hausgemachtes Kürbis-Krokant Parfait mit Waldbienenhonig sind der perfekte, süße Abschluss eines guten Essens.

Der Gemütlichkeit des Stüberls entsprechend werden vier Fassbiere, wie das Trumer Märzen, das leichte Trumer Pils und das vorzügliche Trumer Weizenbier, sowie das klassische tschechische Budweiser Bier frisch gezapft kredenzt. Bei den Weinen halten sich die Wirtsleute ausschließlich an ein Angebot aus österreichischen Rieden.

HIRSCHBRATEN MIT ERDÄPFEL-SPECK-ROULADE, APFELROTKRAUT

Zutaten
2,5 kg Hirschschlögel
300 g Wurzelwerk (Karotten, Sellerie, Zwiebel) grob geschnitten
2 EL Tomatenmark
2 EL Preiselbeeren
3 l Suppe/Wildfond
Öl, Salz, Pfeffer, Wacholderbeeren, Mehl
Erdäpfel-Speck-Roulade
400 g Kartoffel
200 g Mehl glatt
100 g Weizengries
3 Eier
Salz
300 g fein geschnittener Speck
Apfelrotkraut
1 großer Kopf Rotkraut
150 g Zwiebel, blättrig geschnitten
1/4 l Orangensaft
1/2 l Wasser
1 geschälter, klein geschnittener Apfel
100 g Zucker
3 EL Öl
Salz
2 Messerspitzen Zimt

Zubereitung
Den Hirschschlögel salzen und pfeffern. In einer Kasserolle Öl erhitzen und das Fleisch beidseitig scharf anbraten und herausnehmen. Das Wurzelwerk gut anrösten, Tomatenmark zugeben und mit Suppe/Wildfond ablöschen. Die Preisel- u. Wacholderbeeren beigeben, mit dem Fleisch im Rohr bei 180 °C zugedeckt 2 – 2 1/2 Stunden dünsten. Saft mit Stabmixer pürieren – nach Bedarf mit etwas Mehl binden. Kartoffel zerstampfen, mit Zutaten (ohne Speck) zu einem glatten Teig verarbeiten. 20 Minuten rasten lassen. Teig auf drei bis vier Millimeter quadratisch ausrollen, mit Speck bestreuen und zu einer Roulade rollen. In ein feuchtes Tuch wickeln, in siedendes, gesalzenes Wasser geben. 25 Minuten leicht kochen lassen. Im ausgekühlten Zustand portionieren. Öl in einem Topf erhitzen, Zwiebel dazugeben und glasig anschwitzen. Mit Zucker leicht karamelisieren lassen und mit Orangensaft ablöschen. Wasser und Rotkraut beimengen, salzen, 20 Minuten dünsten. Kurz vor dem Garwerden die klein geschnittenen Apfelstücke und Zimt beimengen. Alles fünf Minuten ziehen lassen.

Gasthof-Restaurant Kerschbaumer | Annaberg-Lungötz

GASTHOF-RESTAURANT KERSCHBAUMER
Gappen 43
A-5523 Annaberg-Lungötz

Telefon + 43 (0) 64 63 / 70 34 - 0
Telefax + 43 (0) 64 63 / 70 34 - 4

Nur 20 Autominuten von der Stadt Salzburg entfernt, in unmittelbarer Nähe der bekannten Orte Filzmoos oder Flachau und des Annaberges liegt der Gasthof Kerschbaumer mit Blick auf das Tennengebirge und Gosaukamm und wird seit 1997 von Herrn Hans Krallinger und seiner Schwester Christl auf das Beste geführt. Die Natur ringsum ist ideal zum Skifahren im Winter und für ausgiebige Wanderungen im Sommer – egal zu welcher Jahreszeit – in einem der komfortablen Zimmer des Gasthofes und bei familiärer Betreuung sowie Bewirtung ist man besonders gut aufgehoben.
Anfang 1985 wurde das Haus im rustikalen Stil mit viel Holz umgebaut, das gemeinsam mit dem schönen Kachelofen in der Stube für heimelige Gemütlichkeit sorgt. Hans Krallinger selbst ist gelernter Koch und arbeitet am liebsten gemeinsam mit seinem Team, das jede Woche die wechselnde Speisekarte vor allem Hausmannskost, Speisen mit asiatischem Einschlag, Fischspezialitäten und Gerichte aus Produkten der heimischen Region präsentiert.
„Wir legen höchsten Wert auf frische Rohprodukte," unterstreicht Hans Krallinger die Linie seiner Küche. Mit Wild und dessen Zubereitung ist er von Kindesbeinen an vertraut, war doch bereits sein Vater Berufsjäger im Lungötz. Das Wildbret wird ihm heute vom Wildhandel Wieser in höchster Qualität direkt angeliefert und er verkocht Hirsch, Reh, Gams, Wildschwein, Mufflon und – so vorhanden – auch Steinbock aus den heimischen Wäldern. Im Gasthof Kerschbaumer verwendet man vorwiegend traditionelle Hausrezepturen für Wild, diese werden jedoch oft auch besonders kreativ verändert und neu ausgearbeitet.
Besonders beliebt ist das Wildererpfandl mit gebratenen Filets diverser Wildarten, garniert mit Rotkraut, Pilzen und hausgemachten Spätzle oder auch gefüllte Wildschnitzel. „Wir verkochen alle Teile des Wildes, kaufen nur ganze Stücke ein, zer-

legen selbst und verwerten alles für unsere Speisen," berichtet Hans Krallinger über die Vielfalt seiner Küchenlinie, „während unserer Wildtage gibt es bis zu 4 verschiedene Speisekarten mit wechselnden Spezialitäten."
Wie wichtig die Frische der Zutaten ist, beweist auch die Tasache, daß man im Gasthof Kerschbaumer viele knackige Salate nach Saison serviert, daß man ebenso saisonale Gemüseschwerpunkte wie etwa Gerichte mit Eierschwammerln setzt und sich damit der wertvollen Rohstoffe der Region bedient.
Vor allem Gäste aus der näheren Umgebung, aber natürlich auch Touristen werden hier gerne zum Stammpublikum und genießen getränkemäßig das Salzburger Stiegl-Bier in froher Runde. Und sollte es spezielle Anfragen für Familienfeiern oder Caterings geben, kein Problem, Hans Krallinger uns sein Team richten jedes Fest kulinarisch liebevoll aus und man ist so stets perfekt auf die Wünsche der Gäste eingestellt.

GEFÜLLTER HIRSCHRÜCKEN IM WEINLAUBMANTEL, DAZU SCHWAMMWERLSCHMARRN

Zutaten
4 Hirschrückenfilets à 150 g
etwas Madeira, frischer Thymian
Wacholder, Salz, Pfeffer
4 Scheiben Hamburger Speck
8 Weinblätter
1/4 l Rotwein
1/8 l Obers
Farce:
450 g Hühnerleber
20 g Butter
10 EL Wildfond od. Rindsuppe
200 g Kalbsschulter ohne Sehnen
4 Eier
150 g Gänseleber
120 g grünen Speck
1 Karotte
1 gelbe Rübe
Schwammerlschmarrn:
250 g Pilze
2 Schalotten, gehackt
10 g Butter
1/2 l Milch
150 g Mehl
5 Eidotter
5 Eiweiß, geschlagen
Petersilie
etwas Olivenöl

Zubereitung
Die entsehnten Rückenfilets zum Füllen einschneiden, mit Madeira, Thymian, Wacholder, Salz, Pfeffer würzen und ca. 2 Std. kalt stellen.
Kalbsschulter in Würfel schneiden, ebenso den grünen Speck, mit Obers, einem Ei, Salz, Pfeffer im Cutter zu einer feinen Farce pürieren. Die Hühnerleber kurz in Butter ansautieren, mit Madeira und Wildfondablöschen, zusammen mit der Kalbsfarce durch ein feines Sieb streichen. Mit den restlichen Eiern binden. Gemüse in kleine Würfel schneiden, kochen. Ebenso die Gänseleber. Beides abkühlen lassen. Die Gemüse- und Gänseleberwürfel unter die Farce mischen, damit die Filets füllen. Dann je zwei Weinblätter mit einer Scheibe Speck, die Filets darauflegen, zusammenrollen, mit einer Schnur binden. Im 200 °C heißen Rohr ca. 30 Min. braten. Bratenrückstand mit Rotwein ablöschen, einreduzieren, durch ein feines Sieb passieren.
Für den Schwammerlschmarrn Pilze blättrig schneiden. gehackte Schalotten in Butter glasig werden lassen, Pilze beimengen, sautieren. Wenn Flüssigkeit verdampft ist, würzen, überkühlen lassen. Aus Milch, Mehl und den Eidottern einen Teig herstellen, das Eiweiß darunterziehen. Pilze und Petersil beimengen, würzen. Olivenöl und Butter in einer Pfanne erhitzen, den Schmarren beigeben, im 180 °C heißen Rohr 8 Minuten backen, wenden, zweite Seite bräunen lassen. Mit Gabeln zerreissen, mit Petersilie vermengen.

Rosenberger Catering | Filzmoos

ROSENBERGER CATERING GMBH
Neuberg 128
A-5532 Filzmoos

Telefon + 43 (0) 64 53 / 201 29
Mobil + 43 (0) 664 / 401 29 66
Telefax + 43 (0) 64 53 / 201 39

Wer kennt sie nicht: die Rosenberger-Gastfreundschaft entlang der österreichischen Autobahnen! Aussteigen, entspannen und die persönliche Betreuung, die Spezialangebote, das Shopping und vor allem die zu jeder Tages- und auch Nachtzeit frisch bereiteten Speisen genießen. 16 bewährte Rosenberger Standorte begleiten seit über 30 Jahren die reisenden Gäste mit Freundlichkeit und Kompetenz. Nun gibt es ein tolles neues Service, das die bekannte Rosenberger-Qualität ins Haus liefert. Das Rosenberger Catering, mit seiner großen Zentrale in Filzmoos, beliefert ganz Österreich und richtet sich in seinem Angebot auch gerne ganz nach den jeweiligen Wünschen der Besteller. Catering-Aufträge werden für 100 bis 2000 Personen angenommen. Sei es für eine kleine private Party, eine Firmenfeier, Klein- oder Großveranstaltungen, für die unterschiedlichsten Anlässe hat Rosenberger Catering etwas zu bieten, plant Veranstaltungen, organisiert alles bis ins kleinste Detail und sorgt dafür, dass ein Fest zu einer gelungenen Veranstaltung wird.
Auch bei Großveranstaltungen steht Rosenberger Catering mit Rat und Tat bis hin zur Suche nach der geeigneten Lokalität zur Seite; themenbezogene Tischdekorationen, Stehbars oder beispielsweise auch ein musikalisches Rahmenprogramm gehört zur Organisation dazu wie das kulinarische Verwöhnprogramm des engagierten Service- und Küchenteams.

Nachdem die Zentrale in dem berühmten Skiort Filzmoos inmitten einer traumhaften Natur liegt und der Manager des Caterings, Herr Peter Buchinger, selbst engagierter Jäger ist, kommt – und das ist außergewöhnlich – nebst Canapés, Brötchen, herrlichen Menüs oder Fischen auch stets frisches Wild auf die perfekt ausgerichteten Catering Buffets. Zarte Scheiben vom Rehrücken mit getrüffelten Waldpilzen seien nur eines der vielen Beispiele. Das Filzmooser Berglamm, steirische Backhenderl, Bieried in der Kräuterkruste oder schottischer Wildlachs bieten einen guten Überblick über die Vielfalt der perfekten Catering-Küche, die sich an der jeweiligen Jagdzeit orientiert. Herrlich appetitlich angerichtetes Fingerfood mit Gustostückerln wie Riesengarnelen-Spießchen, Coconut Shrimps, knusprige Hühnerflügerl mit Chilli oder Roastbeefröllchen mit Spargel und Sauce Remoulade sind für den kleinen Hunger ideal. Naschkatzen begeistern sich für Nougatknöderl im Beerenragout, Panna Cotta mit Himbeeren, Schokoladensoufflée oder die Rosenberger'sche Mehlspeisvariation. Natürlich stehen auch die passenden Getränke bereit – beginnend mit Proseco, Bellini oder Sekt mit Hollersaft als ideale Starter zur gelungenen Veranstaltung. Weine, Bier und alkoholfreie Getränke stehen natürlich ebenfalls bereit.

Jedes Catering-Angebot wird persönlich abgesprochen und ganz auf die individuellen Wünsche ausgerichtet – das Rosenberger-Catering-Team freut sich auf Sie und Ihre Veranstaltung.

Die Steiermark gilt als das klassische Jagdland und in der Tat hat die Jagd in diesem Bundesland eine sehr lange Tradition, die bis zur Jungsteinzeit zurückverfolgt werden kann. Schon damals wurde mit Hilfe geschliffener Werkzeuge aus Feuerstein Jagd auf den Höhlenlöwen, den Riesenhirsch, das Mammut aber auch schon auf Steinbock und Gams gemacht.
Umwelt und Gesellschaft haben sich seitdem erheblich verändert. Dies ist auch den rund 22 000 steirischen Jägern klar und nun wird die Jagd im Sinn einer nachhaltigen Nutzung natürlicher Ressourcen sowohl naturschutzkonform als auch passend zur sich ständig ändernden Gesellschaft durchgeführt. Es ist auch im „grünen Herzen Österreichs" essentiell, eine umweltorientierte Jagd zu haben, was den uns umgebenden Lebensraum anbelangt. In der Steiermark sind etwa 20 Prozent der Landesfläche Alm- und Bergland: 344 000 Hektar, die sich wiederum in rund 3000 Eigenjagden zu je 115 Hektar aufteilen. Leider verliert das Bundesland ständig wertvolle Almflächen durch die Weideviehhaltung und durch die kleinere Fläche müssen Jäger, Bauern aber auch Touristen durch gemeinsame Absprachen dafür sorgen, ohne gegenseitige Behinderung auszukommen. Wildökologische Raumplanung ist daher wichtig, bedeutet sie doch eine langfristige Lebensraumsicherung und Verbesserung und wird von der Steirischen Landesjägerschaft durchgeführt.
Der Reichtum an Wild ist sprichwörtlich für die Steiermark, die auch durch die Reize ihrer mannigfaltigen Naturlandschaft von den Höhen des Dachsteins bis zu den nahezu toskanisch anmutenden Hügeln des südsteirischen Weinlandes besticht. Das Reh, eindeutig die Nummer Eins des steirischen Wildvorkommens, findet man im gesamten Bundesland mit Ausnahme der hohen Felsenregionen. In der Obersteier-

mark gibt es ein klassisches Rotwildvorkommen aber auch die Gams befindet sich mit einem mittlerweile guten und gesunden Bestand in dieser Zone. Auch Auer- und Birkhahn kommen dort mit stets leicht steigenden Beständen vor. Die alten Weidewälder sind dafür ein idealer Lebensraum. Südlich der Landeshauptstadt Graz ist ebenso Reh das Hauptwild, aber auch Niederwild wie Hase, Fasan oder Rebhühner kommen vor. Nördlich davon, in der Weizklamm, gibt es wenige Muffelkolonien, die Mitte des 20. Jahrhunderts eingebürgert wurden und streng nach den Jagdregeln zum Abschuss gelangen. In den 1950er Jahren wurden im Gebiet der Roten Wand Steinböcke ausgesetzt, die wiederum eine Quelle für viele andere Kolonien wurden. Seit 1970 ist bei Tragöß am Hochschwab eine Population an Steinwild von rund 150 Stück herangewachsen, die natürlich auch einer geregelten Bejagung bedarf. Weitere Kolonien an Steinwild kommen auch beim Dachstein im Ennstal oder bei Ramsau in Richtung Filzmoos vor. Damwild ist in der Steiermark nur in Gatterhaltung zu finden, es gibt kein freies Wildvorkommen davon und das zarte Damwildbret wird ausschließlich für die landwirtschaftliche Fleischproduktion verwendet. Die Oststeiermark ist das traditionelle Niederwildgebiet, wobei die Niederwildjagd in der Steiermark jedoch von geringerer Bedeutung ist, was wiederum auf umweltmäßige Gründe, wie eine Kleinstrukturierung der Landwirtschaft und daher kleinere Felder zurückzuführen ist. Auch in der Südsteiermark rund um Leibnitz versucht man das Niederwildaufkommen durch von den Jägern geschaffene Äsungs- und Deckungsflächen wieder zu regulieren, was eine wichtige Hegemaßnahme darstellt. Neu ist in letzter Zeit das Aufkommen von Schwarzwild vor allem im südlichen Teil der „grünen Mark", das derzeit noch eine Bereicherung für

die Reviere ist und (noch) keine nennenswerten Flurschäden verursacht. In der Weststeiermark dominieren Rehe aus Mittellagen, Enten im Tal sowie an den Stauseen wie z.B. am Grazer Stausee, der sich gut als Lebensraum für Wasservögel eignet.

Auf Grund des Wildreichtums fallen in der Steiermark jährlich rund 1,4 Millionen Kilogramm Wildbret an und auch hier bemüht man sich um einen höheren pro Kopf-Verzehr dieses wertvollen Rohstoffes. Fett- und cholesterinarm, nährstoffreich und von erlesenem Geschmack. Wild ernährt sich nur von frischen Kräutern oder Gräsern aus den heimischen Revieren, bewegt sich viel und lebt stressfrei, was dem Geschmack des zarten Fleisches dienlich ist.

Die lange Tradition der Jagd in der Steiermark wird auch heute bewusst und stolz aufrechterhalten – der Puls der Zeit, der in den echten Jägerherzen zu finden ist – schlägt auch noch heute.

Tourismusregion Nationalpark Gesäuse | Admont

TOURISMUSREGION NATIONALPARK GESÄUSE
Hauptstraße 35
A-8911 Admont

Telefon + 43 (0) 36 13 / 211 60 - 10
Telefax + 43 (0) 36 13 / 211 60 - 40

NATURPARK STEIRISCHE EISENWURZEN
A-8933 St. Gallen

Telefon + 43 (0) 36 32 / 77 14
Telefax + 43 (0) 36 32 / 77 14 - 10

Wahrlich beeindruckend und wildromantisch ist die Landschaft im Gesäuse, das Egid Filek mit folgendem Zitat besonders treffend charakterisiert hat: „Wenn Landschaft Musik ist für den, der die geistigen Organe besitzt, den Rhythmus, die Formen und Linien einer Gegend zu hören, so ist das Gesäuse eine wunderbar gebaute, prachtvoll gesteigerte steinerne Symphonie."

Die Tourismusregion Nationalpark Gesäuse, eine der bedeutendsten Naturregionen Europas, beginnt im steirischen Ennstal, dort, wo der Fluss Enns den Hohen Dachstein und den mächtigen Grimming bereits hinter sich gelassen hat. Danach eröffnet sich ein Felsenreich, das insgesamt das größte zusammenhängende Naturschutzgebiet der Steiermark bildet. Nach der Passage der vorgelagerten Kammzüge öffnet sich nach wenigen Kilometern ein breites Tal, in welchem die Ortschaften Admont, Hall und Weng von einer imposanten Bergwelt umrundet werden. Im Süden erhebt sich die Reichensteingruppe, im Norden bilden die Haller Mauern eine genaue Grenze zum Bundesland Oberösterreich. Im Osten dominiert eindeutig die Buchstein- und Hochtorgruppe, die scheinbar aus dem Boden schießt und das Tal zu verschließen scheint. Doch die Enns bahnt sich weiter ihren Weg und bricht dann beim „Gesäuse-Eingang" rauschend über steile Katarakte. Das so entstehende „Gesäuse des Wassers" ist zum Namenspatron der gesamten Gebirgslandschaft geworden.

Die rechter Hand gelegenen Hochtorwände überragen die Wasseroberfläche mit 1800 Metern, etwas filigraner, aber nicht weniger beeindruckend sind am linken Ufer die Buchsteingipfel, die erst nach 16 Kilometern am Ausgang des Gesäuses bei Hieflau enden.

Exakt 11 054 Hektar dieses Gebietes wurden 2002 zum Nationalpark der Kategorie II erklärt und genießen seither den allerhöchsten Schutzstandard. Die Enns schneidet sich stark nach Norden drehend immer tiefer in die Talböden von Landl und nimmt bei Großreifling die fast türkisfarbene Salza aus dem namensgleichen Salzatal mit auf, bevor sie das Gesäuse in Richtung Kalkalpen verlässt. Das Salzatal sowie der gesamte Raum an der Nordgrenze des Nationalparks bei St. Gallen bildet mit dem Naturpark Steirische Eisenwurzen ein weiteres Kleinod, das bis nach Wildalpen reicht und damit Teile des Hochschwab-Massivs und der auslaufenden Kalkalpen mit einschließt.

Vor wenigen Jahrhunderten war diese Gegend noch eine scheinbar undurchdringliche Wald- und Bergwildnis. Ein mächtiger lokaler Gletscher in den Gesäusebergen verhinderte wie ein Korken das Durchlaufen der Eismassen. Als Folge davon bildete sich diese Schlucht als tief eingeschnittenes und unzugängliches Kerbtal aus und ist bis heute so erhalten. 1954 errichtete man inmitten dieser Schlucht das Kraftwerk Hieflau und, dadurch aufgerüttelt, traten die Umweltschützer auf den Plan: Sie strebten die Unterschutzstellung des verbliebenen, ursprünglichen Flussabschnittes an und dies mit Erfolg. Bereits 1958 wurde das Gesäuse zum ersten steirischen Naturschutzgebiet mit der Aufgabe zur Bewahrung dieser einzigartigen Landschaft erklärt. 1986 wurden wieder Pläne zur weiteren Errichtung von Kraftwerken laut und dank des Engagements der Umwelt- und Naturschützer war dies der Startschuss zur Errichtung des ersten steirischen Nationalparks, der dann im Oktober 2002 auch vertraglich zertifiziert wurde.
Die besondere Bedeutung liegt in der außergewöhnlichen Vielzahl an naturnahen Lebensräumen, denn 86 Prozent der Parkfläche sind als Naturzone ausgewiesen. Die verbleibenden 14 Prozent dienen als Bewahrungszone für nachhaltige und traditionelle Almwirtschaft.
Die Tourismusregion Nationalpark Gesäuse, ein echtes Reich von Fels und Wasser, wurde bereits Ende des letzten Jahrhunderts von mutigen Kletterern entdeckt und verzeichnete damit die ersten Tourismus-Aufschwünge. Wer heute diese Gegend besucht, wird die Stille auf den Wanderwegen, das Rauschen an Fluss und Bach oder aber auch die Blütenpracht der Almen voll genießen. Scharfe Kontraste zwischen hellgleissenden Kalk- und Dolomitfelsen, Schluchtwäldern, dunkle Höhlen, Almwiesen mit ihrer Blumenpracht und die Ruhe auf den Berggipfeln machen für jeden Besucher ein Naturerlebnis in herrlicher Ursprünglichkeit wahr.
Für Kinder und Schüler stellt man in der Tourismusregion Nationalpark Gesäuse immer wieder interessante Projekttage oder Schullandwochen zusammen: Kinder und Jugendliche lernen, Natur und Kultur spielerisch zu entdecken, selbst zu forschen und zu experimentieren sowie Teamarbeiten gemeinsam durchzuführen.
Nationalpark und Naturpark sind ein Erlebnisreich, in dem es vieles zu entdecken gibt: Nicht nur reine Bergsteiger finden hier ihr Eldorado, auch Spaziergänge und leichte Wanderungen sind bestens ausgeschildert und bieten daher für weniger Ge-

übte ein ideales Paradies. Speziell zusammengestellte Themenwanderungen wie vogelkundliche Exkursionen, Pilzwanderungen oder Foto-Workshops stellen jeden Interessierten zufrieden und bieten Abwechslung. Wildtier-Beobachtungen mit erfahrenen Berufsjägern bieten Einblicke in die Lebensräume von Murmeltier, Gams und anderen Wildtieren.

Das kulinarische Leitprodukt der Region ist das Xeis-Edelwild, das vom Rotwild aus den heimischen Wäldern abstammt. Diese Wildart wird strengstens kontrolliert und bestens verarbeitet und ist ein Garant für das besondere Aroma in Schinken, Pasteten, Würsten oder auch Frischfleisch. Neben dem Wild sorgt die regionale Natur zudem für duftendes Bauernbrot, Feines vom Styria Beef, Schafmilchprodukte oder fangfrische Fische aus den kristallklaren Flüssen. In der Tourismusregion Nationalpark Gesäuse verpflichten sich die sieben Echt-Steirisch-Wirte einem strengen Kodex, der nur die Verwendung original steirischer Produkte unter Beachtung von Frische und Qualität zulässt – der Gaumenschmaus ist damit garantiert.

Der Naturpark Steirische Eisenwurzen – im östlichen Teil der Region gelegen – ist durch außerordentlichen Waldreichtum, unberührte Naturlandschaften und romantische Flusstäler geprägt. Als Europäischer Geopark, ein Netzwerk geologisch besonderer Landschaften Europas, hat sich der Park zum österreichweit führenden Anbieter auf dem Gebiet der Geologieangebote entwickelt. Für das Programm GeoLine wurde dies 2004 von der UNESCO anerkannt und als Global Geopark zertifiziert.

Die Verbindung von Kultur und Natur werden, sei es mit dem „Festival St. Gallen", Ausstellungen und Museen wie dem Forstmuseum Silvanum, der echten Kulinarik, zahlreichen Sportmöglichkeiten oder einzigartigen Familienausflugszielen zum Beispiel im Wasserspielpark Eisenwurzen in St. Gallen, im Naturpark perfekt genützt und werten damit die Region mit sinnvollen und authentischen Angeboten auf.

XEIS EDELWILD GMBH
Markt 35
A-8933 St. Gallen

Telefon + 43 (0) 36 32 / 77 14
Telefax + 43 (0) 36 32 / 77 14 - 0

Die Steiermark wird auch das „grüne Herz Österreichs" genannt, weil es besonders viel Waldreichtum bietet; genau gesagt 994 000 Hektar herrlichster Wälder. Die Tourismusregion Nationalpark Gesäuse besitzt davon rund sieben Prozent, ein riesiges Gebiet von rund 69 000 Hektar schönster Natur. Dass diese Region auf Grund ihrer natürlichen Beschaffenheit einen Anteil von 31 Prozent am Wildreichtum der ganzen Steiermark hat, ist nicht erstaunlich. Rotwild, Gemsen, Rehe, Auer- und Birkwild wie auch Steinböcke sind in der Region heimisch und wachsen unter den besten Naturbedingungen zwischen 700 und 1800 Metern Seehöhe auf. Xeis-Edelwild ist eine eingetragene Marke für bestes Wildfleisch aus der Tourismusregion Nationalpark Gesäuse und nachdem die Menschen, die dort leben, ihren eigenen Dialekt sprechen, wurde der Markenname nach der Mundart-Version von „Gesäuse" nämlich „Xeis" gewählt.
Die Vermarktung von Wild aus der Tourismusregion Nationalpark Gesäuse basiert auf der hohen Nachfrage seitens der Konsumenten, die Wild nicht nur als besonders gesundes Essen, sondern vor allem auch als regionaltypische Speise sehen. Edelwild der Marke Xeis stammt ausschließlich aus der freien Wildbahn und ernährt sich vorwiegend von frischen Kräutern und saftigen Gräsern. Das Fleisch der Marke Xeis wird nur frisch verarbeitet und daher hängt die Verfügbarkeit des Wildfleisches auch von der jeweiligen Wildsaison ab.
Die Verarbeitung findet in der Metzgerei Robert Pfleiler in Landl statt und dort werden die Spezialitäten nur noch durch Salz, Gewürze und reinste Luft verfeinert.
Besonders saftig sind die Hirsch-Würstl, die einen einzigartigen edelsauren Geschmack aufweisen. Das Hirsch-Punkerl ist eine klassische Jagdwurst, die als Brühdauerwurst verarbeitet wird, eine feine Wildfleischpastete mit dezenter Kräuterwürzung oder die flaumige Wildleber-Pastete mit edelpikantem Geschmack stehen zur Auswahl. Das Premiumprodukt von Xeis ist aber der Hirsch-Rohschinken mit leichtem Rauchgeschmack, mindestens drei Monate gereift und äußerst saftig. Sein eleganter, würziger Geschmack und die Feinfasrigkeit des Fleisches werden am meisten geschätzt.
Das Verhandensein der natürlichen Ressourcen in der Tourismusregion Nationalpark Gesäuse und insbesondere die gute Qualität des Xeis-Edelwilds ist das kulinarische Leitprodukt der Region.

Restaurant Zaunmüller | Weißkirchen

RESTAURANT ZAUNMÜLLER
Zeltwegerstraße 1
A-8741 Weißkirchen

Telefon + 43 (0) 35 77 / 822 08
Telefax + 43 (0) 35 77 / 822 08 - 90

Ruhetag: Mittwoch

Nachdem Herr Hans Tavolato die Hotelfachschule absolviert hatte, war er über acht Jahre in schweizerischen und österreichischen Top-Betrieben als Koch tätig und übernahm schließlich 1980 das Gasthaus seiner Eltern. Das Haus selbst wurde bereits 1640 urkundlich als Gasthaus und Fleischerei erwähnt und war immer in Familienbesitz. Ein großer Festsaal des Hauses steht für Veranstaltungen und Feierlichkeiten zur Verfügung, die man dort in steirischem Ambiente besonders genießen kann.

Was den Genuss angeht, kann Herr Tavolato kulinarisch mit vielen schmackhaften Speisen aufwarten: Ganz besonders am Herzen liegt ihm jedoch die Wildküche, die nahezu ganzjährig auf seiner Speisekarte zu finden ist; selbstverständlich je nach dem saisonalen Angebot. Da er selbst Jäger ist und auch ein Wildschweingehege hat, kommt ausschließlich heimisches Wild in die Küche. Er besitzt sogar eine eigene Alm und eine Jagdhütte in seinem Revier. Seine Leidenschaft zur Jagd führt gerade beim Verkochen des Wildes zu einer ganz persönlichen Note und diese findet man bei all seinen Spezialitäten: Bei den Vorspeisen kann man sich an Wildterrine mit marinierten Steinpilzen, Rehcarpaccio mit sauren Eierschwammerln, einer Wildtaubenbrust auf Walnusskartoffellaibchen oder einem Wildschweinsülzchen delektieren.

Braten-, Koteletts- oder Gulasch vom Wildschwein, rosa gebratenes Hasenrückenfilet im Portweinhonigsafterl, Rehnüsschen in Hagebuttensauce, ein steirischer

Rehbraten mit Serviettenknödel und Köstlichkeiten von Fasan und Wildente mit hausgemachten Preiselbeeren bieten sich als Hauptspeise an. Hans Tavolato versteht sich aber auch auf die Zubereitung von delikatem Gamsfleisch wie Gamsbraten in Quittensauce oder Gamsrücken auf Holunderblütensauce mit Schwammerlkartoffelstrudel.

Ganz besonderen Genuss bietet auch „Tavos Wildbret Shop", in dem man edles Wildfleisch, Schinken oder Pasteten einkaufen kann.

Dass es Hans Tavolato nicht nur versteht, die heimischen Gäste im wahrsten Sinne des Wortes „einzukochen", zeigt die Tatsache, dass er bereits im südostasiatischen Manila anlässlich österreichischer Wildwochen für ein hochkarätiges Publikum in einem Nobelhotel gekocht hat und dafür rund 500 Kilogramm frische Zutaten aus Österreich dorthin transportieren ließ.

In seinem Lokal sorgt er auch stets für echte Spezialitäten-Wochen: Fisch aus dem eigenen Fischwasser wie Forellen, Saibling oder Huchen oder etwa asiatische Wochen mit Köstlichkeiten der exotischen Küche. Je nach Schwerpunkt wird das Lokal dementsprechend komplett umdekoriert und schenkt so dem Gast eine authentische Atmosphäre, die jeweils zu den angebotenen Speisen perfekt passt. Als Getränke werden im Restaurant Zaunmüller ausschließlich steirische Weine und steirisches Bier ausgeschenkt und von den Gästen auch verlangt. „Wir Steirer trinken nichts anderes" berichtet Herr Tavolato schmunzelnd.

Gasthof „Zur Klause“ | Ratten

GASTHOF „ZUR KLAUSE“
Filzmoos 32
A-8673 Ratten

Telefon + 43 (0) 31 73 / 24 48
Telefax + 43 (0) 31 73 / 24 48

Ruhetag: Mittwoch

Wenn der kleine Ort Ratten am Fuße der Fischbacher Alpen Besucher aus Graz, aus der Schweiz und Deutschland anlockt, dann kann es neben der traumhaften Natur nur noch einen weiteren Grund dafür geben: Der schmucke Gasthof „Zur Klause“, dessen Küche seit 1992 mit einer Haube und der Auszeichnung für „typisch österreichische Küche“ geehrt wurde. Frau Monika Fasching-Posch, heute Geschäftsführerin und Küchenchefin in einer Person, ist gelernte Köchin und arbeitete bis 1985 beim bekannten Hohlweg-Wirt in Hallein. Danach kehrte sie nach Hause zurück, übernahm das von ihren Eltern erworbene Lokal, baute es liebevoll um und führt dies, wie man sieht, mit großem Erfolg.

Ihr Ehemann, Erich Fasching, ist – und wie könnte es in dieser waldreichen Gegend anders sein – selbst Jäger und damit ist stets genügend frisches Wildfleisch im Hause. Er selbst legt beim Fleisch fachkundig Hand an und damit steht der großen Kochkunst von Monika Fasching-Posch nichts mehr im Wege. Sie bereitet alle Speisen selbstverständlich frisch zu, es gibt keine Fertigprodukte in ihrem Haus und die Wildspezialitäten bieten die reiche Vielfalt einer ehrlichen und sehr gekonnten Küche.

Rehcarpaccio, Rehsulz, Hirschschinken, gebratene Wachtelbrüstchen auf Blattsalaten, gefülltes Rehschnitzel mit Eierschwammerln und Orangensauce, gebratener Reh- oder Hirschrücken oder ein Wildschweinschnitzel in einer herrlichen Kürbiskernpanade schenken exquisite Geschmackserlebnisse. Neben den Wildspeisen gibt es auch diverse Gerichte mit Rindfleisch oder Lamm von den benachbarten Bauern und köstliche Fische wie Saibling, Forelle, Zander oder Wels.

Dass Pilze und Beeren je nach Saison frisch im Wald gepflückt und verarbeitet werden, ist für Frau Fasching-Posch selbstverständlich. Besondere Aufmerksamkeit verdienen auch ihre bekannten Desserts wie Eisparfaits, Topfenknödel, überbackene

Früchte oder ein harmonischer karamellisierter Grießschmarren. Der Landgasthof besitzt sonnige, freundliche Räume, die mit viel hellem Holz und geschmackvollem Interieur ausgestattet sind. Auf das durchwegs gediegene Publikum, das auf Qualität Wert legt, warten zudem acht schöne Zimmer, wenn man abends gemütlich die herrlichen Weine aus dem Angebot des Hauses in Ruhe probieren möchte. Dazu stehen Top-Tropfen aus Österreich zur Wahl, vorwiegend greift man zu den exzellenten steirischen Weiß- oder zu den ebenso hervorragenden burgenländischen Rotweinen. „Meine Gäste verlangen diese Qualität und greifen gerne darauf zurück," weiß Frau Fasching-Posch von manch vergnügtem Abend zu berichten. Einen solchen im Gasthof „Zur Klause" zu verbringen, ist bei der wunderbaren Küche und der entspannenden Atmosphäre wirklich nicht schwer und sehr beliebt – deshalb: Tisch- oder Zimmerreservierung ist empfehlenswert.

ROSA REHKOTELETTE IN DER WACHOLDERKRUSTE AN HOLUNDERBLÜTENSAFT MIT SCHUPFNUDELN

Zutaten
Rehrücken
1 kg Rehrücken mit langen Knochen
Salz, Pfeffer
4 cl Holunderschnaps
4 cl Holundersaft
Öl zum Anbraten

Wacholderkruste
125 g Butter (schaumig)
80 g Semmelbrösel
5 dag fein geschroteter Wacholder
Salz, Pfeffer, Thymian

Rehfond
1 kg Rehknochen
300 g Sehnen und Abschnitte vom Rehfleisch
50 g Zwiebel
80 g Karotten
60 g Knollensellerie
2 EL Tomatenmark
1/2 l kräftiger Rotwein
2 Lorbeerblätter
1 Zweig Rosmarin
1 Zweig Thymian
einige zerdrückte Wacholderbeeren und Pfefferkörner
Öl zum Anbraten

Zubereitung
Für die Wacholderkruste Zutaten glatt rühren, eine Rolle formen, kalt stellen und später in dünne Scheiben schneiden. Die Knochen in walnussgroße Stücke hacken und in heißem Öl, nicht zu braun, anbraten. Ständig durchmischen, Wurzelgemüse und Zwiebel dazugeben und anbraten lassen. Das Tomatenmark unterrühren und weiter anbraten. Mit Wasser und Wein nach und nach ablöschen, dabei die Flüssigkeit immer wieder gut einkochen lassen, bevor nachgegossen wird. Nach dem Einkochen, die Knochen mit kaltem Wasser bedecken und aufkochen. Mit dem Schöpfer den Schaum und das Fett abschöpfen. Die Gewürze und Kräuter dazugeben und bei sanfter Hitze den Fond 30 Minuten köcheln lassen. Durch ein Sieb oder Tuch passieren und den Fond auf die gewünschte Menge einkochen.
Den vom Fleischhauer vorbereiteten Rehrücken (Rehkotelettes) mit Salz und Pfeffer würzen und in einer Bratpfanne im vorgewärmten Rohr bei 190 °C rosa braten. Nach ca. 5 Minuten Bratzeit die frische Butter dazugeben und noch zwei Minuten weiter braten. Aus dem Rohr nehmen und drei bis fünf Minuten ruhen lassen.
Mit Scheiben der Wacholderkruste belegen und im Salamander bei starker Oberhitze bräunen.
Das Fleisch aus der Pfanne nehmen und den Bratenrückstand mit Rehfond aufgießen. Nochmals durch ein Sieb passieren und mit Holunderblütensaft und Schnaps vollenden. Dazu serviert man Schupfnudeln.

„Urlaub bei Freunden“ lautet das bekannte Motto für den Kärntner Tourismus und wohl kaum eines der österreichischen Bundesländer ist für Ferienspaß so beliebt, wie das sonnige Bundesland im Süden. Es bietet, alleine von der Natur her betrachtet, großen Variantenreichtum: Von herrlichen, warmen Badeseen bis zu hohen Bergen oder Naturparks, viele Möglichkeiten zu Wanderungen, Klettertouren, alle Freizeitsportarten bis zu herrlichen Skipisten im Winter. Kärnten besitzt 200 Badeseen, alle trinkwasserrein und klare Flüsse, die insgesamt eine Länge von 8000 Kilometern erreichen und damit ideal für Wassersportarten aller Art sind.

Der Nationalpark Hohe Tauern ist das größte Schutzgebiet der Alpen und zugleich eine der spektakulärsten Landschaften der Erde. Hier bieten sich dem Betrachter einige Superlative wie die höchsten Gipfel Österreichs, die höchsten Wasserfälle Europas und die größten Gletscher der Ostalpen. Mit Glück kann man auf einer der vielen Wanderwege Steinböcke, Murmeltiere oder Adler entdecken.

Ebenso vielfältig wie die Naturgestaltung ist daher auch das reiche Wildvorkommen, das in Kärnten hauptsächlich aus Reh- und Rotwild, Gams, Muffel, Hase, Fasan, Schwarzwild und auch Wildenten besteht – Letzteres bedingt durch die prächtige Seenlandschaft. Natürlich ist auch in Kärnten der Lauf der Zeit nicht stehen geblieben und so gibt es auch hier große Veränderungen für die Jagdausübung. Stark betroffen davon sind logischerweise Reviere in der Nähe von großen Ansiedlungen aber auch

Niederwildreviere im rein ländlichen Bereich. Man stellte fest, dass sich Rehwild äußerst anpassungsfähig verhielt und die Anzahl relativ gleich geblieben ist, jedoch Hasen- und Fasan-Bestände extrem zurückgingen. Auch hier wird versucht, die „menschlichen" Einflüsse dem Wild und seinem Lebensraum gegenüber so geringfügig wie möglich zu halten, denn die Kärntner Jäger erfüllen ihre Aufgaben, wie den artenreichen Wildbestand zu erhalten, mit Freude und großer Verlässlichkeit. Über 11 000 Jäger, darunter fast 600 Jägerinnen, stehen zu dem Motto „Jagd ist Verantwortung – Jagd ist Freude", das dem Leitbild der Kärntner Jäger seit 2001 entspricht. Diese Publikation gilt als richtungweisende Grundlage für die verantwortungsvolle Tätigkeit im aktiven Mitgestalten der Natur. Nachhaltigkeit in der Jagd, wildökologische Raumplanung für Tier und Mensch und offene Gespräche zwischen Jägern und auch Nichtjägern bilden die Basis für ein gutes und gesundes Miteinander. In diesem Leitbild bekennen sich die Kärntner Jäger aber auch zu jagdlichem Kulturgut und gelebtem Brauchtum, was seit langem auch für die nachkommenden Generationen als Verpflichtung gesehen wird. Viele verschiedene Brauchtumsveranstaltungen

finden stets in Kärnten statt: Kulturelle Events, Jagdhornblasen, Hubertusmessen, Jägerbälle, Abwurfstangenschauen, Falknerei, Hundeausstellungen, Waldlehrpfade oder die Nahebringung von Jagd und ihren Traditionen für rund 600 Kinder pro Jahr im Schloss Mageregg in Klagenfurt. Im Jahr 2004 erlegte man in Kärnten 1 066 158 Kilogramm Wildbret, eine erlesene Spezialität des Landes, aus freier Wildbahn und Revieren der Heimat. Die Kärntner Jägerschaft ist sehr bemüht, dass das frische und höchst bekömmliche Fleisch vermehrt in den Speiseplan privater Kunden als auch der Gastronomie gut aufgenommen wird. Wildbret selbst, aber auch seine fachkundige Zerwirkung durch die heimischen Jäger garantiert hochwertige Qualität, die den Wünschen der Konsumenten der heutigen Zeit entspricht. Einfach in der Zubereitung, köstlich im Geschmack – Kärntner Wildbret ist ein wertvoller Bestandteil der gesunden Küche.

Hotel-Restaurant Prechtlhof | Althofen

HOTEL-RESTAURANT PRECHTLHOF
Schobitzstraße 1
A-9330 Althofen

Telefon + 43 (0) 42 62 / 26 14 od. 26 17
Telefax + 43 (0) 42 62 / 241 74

Ruhetag: Dienstag (September bis Mai)

Traditionsreiche Kärntner Gastlichkeit gepaart mit höchstem Komfort und allen Einrichtungen zum persönlichen Wohlfühlen findet man im Prechtlhof im historischen Ortskern Althofens, auf einer Anhöhe unterhalb des verträumten Schlosses gelegen. Schon seit seiner ursprünglichen Erbauung 1556 erlebte das Haus eine wechselvolle Geschichte. Seit den 1960er Jahren befindet es sich im Besitz der Familie Kraßnitzer, die den Gasthof mit Energie, Arbeit und viel Geschmack zielsicher zu einem beliebten 4-Sterne-Hotel umgewandelt haben.

Egal, welcher Grund den Gast in den Prechtlhof führt, seien es ein Seminar, ein paar Tage Urlaub oder ein Geschäftstermin, eines ist sicher: Man tritt ein und fühlt sich sofort wie zu Hause.

Diese wunderbare Atmosphäre ist den Wirtsleuten Birgit und Leopold Kraßnitzer zu verdanken, die durch ihren unermüdlichen Einsatz und ihre Sensibilität für einen perfekten Aufenthalt sorgen.

Schon die Zimmer sind ganz unterschiedlich ausgestattet: Ein eigenes Jagdzimmer, Zimmer mit Himmel- oder Wasserbett, Einrichtung im antiken altdeutschen Stil oder im romantischen Landhausstil, eine zauberhafte Hochzeitssuite: Man fühlt sich einfach kuschelig geborgen und gut aufgehoben.

Leopold Kraßnitzer ist nicht nur zum „Wirt des Jahres 2000“ ernannt worden, er war auch Sieger beim 1. Kärntner Ritschert-Wettbewerb und konnte durch seine Rezeptur des regionalen und beliebten Eintopfgerichtes den bedeutenden ersten Platz belegen. Seine besondere Liebe gilt aber den Wildgerichten, die einen Schwerpunkt der beliebten Prechtlhofküche darstellen. Der Chef des Hauses ist auch ein passionierter Jäger und hat dadurch frischesten Zugang zu Fleisch und Qualität.

Ihm ist es dabei besonders wichtig, das Wild während der gesamten Jagdsaison, von Mai bis Dezember, anbieten zu können. Er sorgt dafür, dass für die Gäste stets besondere Wildspezialitäten, selbst erlegt und zerwirkt, liebevoll veredelt auf den Tisch kommen.
Herr Kraßnitzer präsentiert saisonale und regionale Küche. Diese Küche wurde erst kürzlich mit zwei grünen Herzen von der Kärntner Landesregierung für „Gesunde Küche" ausgezeichnet. Seine Gattin Birgit ist diplomierte Sommelière und kann zu den köstlichen Gerichten stets mit der optimalen Weinempfehlung aufwarten. Der gepflegte Weinkeller des Hauses, genannt „Die Welt des Weines", bietet für jede Speise die ideale harmonische Begleitung. Die Liebe der Hausherrin gilt hier besonders dem österreichischen Wein. Für alle Bierliebhaber setzt man im Prechtlhof auf das beste Kärntner Bier, das berühmte Hirter Bier aus der nahe gelegenen Brauerei frisch geliefert und auf Wunsch „gestachelt".
Ebenso stilsicher und schön ist der Wellness-Bereich des Prechtlhofes: Hier laden Felsensauna-Erlebnisgrotte mit Frischwasser-Whirlpool, diverse Saunen, Dampfbad, Kaltwasser-Nebelgrotte, Infrarot-Heilwärme und ein hauseigenes Freibad zum körperlichen Entspannen ein.
Das Motto des Ehepaares Kraßnitzer, den Gästen ein liebevolles, gemütliches zweites Zuhause zu schaffen, ist im Prechtlhof täglich gelebte Realität und perfekt gelungen.

WILDROULADE VOM LÖLLINGER HIRSCH MIT ROSINENPOLENTA, APFELROTKRAUT UND GEBACKENE HOLLERSTRAUBE

Zutaten
72 dag Hirschschale – 18 dag / Person
Salz, Pfeffer, Senf
Einlage:
10 dag Eierschwammerl, Majoran, Salz Pfeffer
je 12 Stifteln Sellerie, Karotten
4 dag Lauchzwiebel
4 dag Bauchspeck
Saft:
Wurzelwerk, Tomatenmark, kräftiger Rotwein, Zwiebel, Salz, Pfeffer, Bouquet garni
(Kräuterbündel bestehend aus Wacholderbeeren, Pfefferkörnern, Lorbeer)
Senf, Preiselbeeren
Beilage:
4 reife Hollerstrauben
Broccoli, Apfelrotkraut, glacierte Maroni
Weinteig:
120 bis 150 g Mehl
1/8 l Weißwein
Eier
60–70 g Zucker
Apfelrotkraut:
30 dag frisches Rotkraut
2 EL Zucker, Salz, Pfeffer,
Kümmel, Zwiebel, 1 säurebetonter Apfel
1/16 l Apfelmost
Rosinenpolenta:
12 dag Maisgrieß
Rosinen (nach Belieben)
1/8 l Sahne, Salz, etwas Zimt

Zubereitung
Tranchen der Hirschschale dünn ausklopfen, mit Salz, Pfeffer, Senf würzen. Sellerie, Karotten, Zwiebel, Lauch und Speck in Streifen schneiden und Eierschwammerl dazugeben. Roulade füllen, mit Spießen fixieren. In heißem Olivenöl gleichmäßig rundherum anbraten, Bratensatz mit Rotwein ablöschen und zur Seite stellen. In neuer Pfanne etwas Sellerie, Karotten, Lauch und Zwiebel anrösten, tomatisieren und mit Bratenaufguss löschen. Rouladen ca. 35–40 Minuten in diesem Fond dünsten, dann herausnehmen, den Fond passieren und mit Preiselbeeren, etwas süßem Rahm und Pfefferkörnern vollenden.
Die Hollerstrauben vorsichtig im Weinteig eintauchen, in Öl backen. Auf Küchenpapier abtropfen lassen.
Das Apfelrotkraut wird in einem ausgehöhlten, an der Unterseite abgeflachten Apfel angerichtet und mit einem Apfelfächer garniert.

Rosinen in Rum einlegen, Maisgrieß in doppeltem Volumen Salzwasser einkochen – leicht dünsten. Rosinen abtropfen und zusammen mit der Sahne abrühren.

Restaurant Schloss Maderegg | Klagenfurt

RESTAURANT SCHLOSS MAGEREGG
Mageregger Straße 177
A-9020 Klagenfurt

Telefon + 43 (0) 463 / 41 93 50
Telefax + 43 (0) 463 / 41 93 50 - 5

Ruhetag: Montag

In einem feudalen Schloss dinieren, einen Blick auf den 15 Hektar großen Wildpark werfen und dabei einen atemberaubenden Aus- und Anblick auf zahlreiche Stücke prächtigstes Rotwild haben? Das ist kein Traum, das ist im Restaurant Schloss Mageregg gelebte Naturverbundenheit. Das Schloss, 1590 im Renaissancestil erbaut, durchlebte über die Jahrhunderte eine aufregende Geschichte, wurde 1845 im barocken Stil vollkommen umgebaut und nach einigen Besitzerwechseln gelangte es schließlich 1967 in das Eigentum der Karntner Jägerschaft, die es zwei Jahre später als „Jägerhof Schloss Mageregg" feierlich seiner Bestimmung übergab. Durch den heutigen Pächter, Herrn Jürgen Streit, wandelte sich die einstige Schloss-Schenke nun zu einem sehr feinen Restaurant, das auch kulinarisch zu dem ehrwürdigen und stilvollen Schloss passt. Jürgen Streit genoss eine gründliche Ausbildung als Koch, arbeitete zwei Jahre in einem Weingut in Frankreich, absolvierte die Saisonen in Zürs und in Kärnten, wo er sich dann auch selbstständig machte und seine Küche damals bereits mit einer, beziehungsweise zwei Hauben prämiert wurde. Durch Zufall stellte sich der Kontakt mit der Kärntner Jägerschaft ein und nun hat Jürgen Streit seit Mai 2005 ein ideales Umfeld gefunden, um seine Kochkünste im gediegenen Rahmen zu präsentieren.
Um frisches Wild auf seine Speisekarte zu bringen, braucht sich Herr Streit keine Sorgen zu machen, ist doch die Kärntner Jägerschaft unmittelbarer Nachbar im Schlossgelände. Die Auswahl der Wildspeisen ist demnach sehr hoch und man gustiert zwischen Carpaccio vom Hirschkalb mit Parmesan, Wildkraftsuppe mit Topfen-Käsenockerln, Variationen vom Rehbock mit zwei Saucen, geschmorter Hirschnuss in Wacholder-Gemüse-Rotweinglace oder einem Hirschkalbsragout mit Pilzen. Bei den Beilagen zum Wild bleibt Herr Streit traditionell und serviert Rotkraut, Serviettenknödel, Broccoli und Preiselbeeren. Nebst des herrlichen Wildbrets bietet die exzellente Küche von Jürgen Streit eine Vielfalt an Hausmannkost vom Feinsten wie

glacierte Kalbsleber, Spanferkel, Vitello Tonnato, Carpaccio vom Schwertfisch, Scampirisotto, Beiriedschnitte vom Kärntner Almochsen mit Erdäpfelgratin oder Schweinsfilet auf getrüffelter Polenta, überbacken mit Dolce Latte. Auch die Desserts lassen keine Wünsche offen, stehen doch den Leckermäulern süße Köstlichkeiten wie Ribiselknödel auf Beerenragout oder Topfenknödel mit Nussbutterbröseln mit Zwetschkenröster zur Verfügung.

Ebenso erlesen wie die Speisen im Schloss Mageregg sind natürlich auch die Weine, aus denen Jürgen Streit besonders den Falstaff Sieger 1999 vom Weingut Gruber in Retz empfiehlt, der eigens und exklusiv für das Restaurant Schloss Mageregg abgefüllt wird und sich als harmonische Rotweinbegleitung zu Wildgerichten herausstellt.

Im Sommer kann man die exquisiten Speisen direkt im Garten vor dem Schloss genießen und das zahlreiche Rotwild bei der Abendäsung beobachten – und dies ist nicht nur für Jäger ein einzigartiges Schauspiel!

GESCHMORTE NUSS VOM MUFFLON UND ROSA GEBRATENE RÜCKENSCHNITTE MIT PILZEN IM BROTTEIG

Zutaten
1 kleine Nuss vom Mufflon
400 g vom ausgelösten Rücken ohne Silberhaut
1 Karotte
1 Lauchstange
1 Zwiebel
1/4 Sellerie
Wacholderbeeren,
Pfefferkörner, schwarz
3 Lorbeerblätter
Rosmarin
frischer Thymian
1/2 l Rotwein
1 EL Tomatenmark
1 Schweinsnetz
200 g Steinpilze
4 Toastscheiben
1 Ei
Petersilie, gehackt
1 EL Semmelbröseln (gehäuft)
Öl zum Anbraten

Zubereitung
Die kleine Nuss vom Mufflon in einer Kasserrolle scharf anbraten. Karotten, Lauch, Zwiebel, Sellerie in kleine Würfel schneiden und mit der kleinen Nuss mitrösten. Tomatenmark hinzugeben und mit der Hälfte vom Rotwein ablöschen. Danach einkochen lassen, bis die Flüssigkeit verdunstet ist und eine schöne dunkle Farbe entstanden ist. Hernach mit dem restlichen Rotwein aufgießen. Die Gewürze hinzugeben und mit Wasser aufgießen bis das Fleisch bedeckt ist. Danach weich dünsten und die Sauce durch ein Sieb streichen. Den Mufflon-Rücken in Portionen schneiden, würzen und auf allen Seiten scharf anbraten. Die Pilze im Bratensatz ansautieren, abkühlen lassen, Semmelbröseln hinzu geben und das Ei sowie Petersilien-Toast in Ei einweichen und auf das ausgelegte Schweinsnetz platzieren. Die Pilzmasse darauf verstreichen, das angebratene Mufflon-Rückenstück in die Mitte legen und mit dem Schweinsnetz und Toast einwickeln. Kurz anbraten und bei 200 °C 15 Minuten im Backofen rosa fertig braten. Nach dem Braten des Rückens diesen noch ca. 6 Minuten an einer warmen Stelle rasten lassen und in der Mitte tranchieren, mit der geschmorten Nuss anrichten.

Gasthof Zocklwirt| Pörtschach

GASTHOF ZOCKLWIRT
Gaisrückenstraße 77
A-9210 Pörtschach

Telefon + 43 (0) 42 72 / 21 20
Telefax + 43 (0) 42 72 / 22 81

Geöffnet von Muttertag bis Ende September

Eines Abends Ende des 19. Jahrhunderts trafen Mathias und Katharina Prüller auf dem Weg nach Südtirol, um dort eine Fiakerei zu gründen, in Pörtschach ein und suchten nach einer Herberge für die Nacht. Der dortige Gutsverwalter konnte die beiden überreden, dieses Unternehmen gleich hier in Pörtschach zu gründen, da zu dieser Zeit bereits viele Sommergäste, wie auch heute noch, diesen schönen Ort aufsuchten.

Nun, gesagt, getan – so wurde das alte Bauernhaus, die Rumaschhube, bald zu einem geselligen Treffpunkt für die Bevölkerung. Katharina, eine begnadete Köchin, war bekannt dafür, dass sie immer nur „Zockl", das sind Holzschuhe, getragen hat und so wurde das Gasthaus bald liebevoll „Zocklwirt" getauft – ein Name, der sich bis heute erhalten hat.

Christian Prüller, Vater vom jüngsten Sohn Matthias und Wirt in fünfter Generation, war schon seit Kindesbeinen an mit dem Betrieb vertraut und führt nicht nur das gediegene Gasthaus weiter sondern hält auch die Geschichte und die Entwicklung des Kurortes Pörtschach durch das angeschlossene Postkartenmuseum lebendig.

Das uralte Bauernhaus ist mit viel Stilsicherheit renoviert und behält durch die Holzböden und die echte rustikale Einrichtung seine behagliche Atmosphäre. In diesem schönen Ambiente lässt es sich auch hervorragend speisen und trinken: Christian Prüller bezieht sein Wild von den örtlichen Jägern des Mölltales und bereitet gekonnt Rehfilets, Gailtaler Hirschgeschnetzeltes mit hausgemachten Spätzle und „Grantn" (Preiselbeeren) oder eine gespickte Hirschnuss mit Rotkraut und Kroketten zu.

Da bereits sein Großvater Jäger war, hält Christian Prüller an dieser Tradition fest und man findet eigentlich immer zumindest ein Wildgericht auf seiner Karte.

Der Zocklwirt ist auch besonders für seine Forellenspezialitäten bekannt: Sei es Fo-

relle blau oder die „Venezianische", die nach Knoblauch duftet und mit gehacktem Ei serviert wird, oder die „Kärntnerin", die mit frischer Kräuterfülle lockt. Für die Freunde der deftigen Kost hält Herr Prüller Klassiker wie ein Schweinsbrat'l mit Krautsalat, eine Kärntner Knoblauchsuppe, einen Kärntner Nudelteller mit Kas-, Fleisch- und Spinatnudeln bereit oder einen köstlichen Zwiebelrostraten mit hausgemachten Schupfnudeln.
Besonders erwähnenswert sind auch die Lammspezialitäten des Hauses wie Braten mit Rösterdäpfel-Strankalan oder Lammlabalan mit Schafskäse gratiniert.
Als Dessert empfiehlt sich ein flaumiger Rhabarberkuchen oder die köstlichen Kletzennudeln mit Honigbutter.
Beim Zocklwirt gibt es auch einen Spielplatz für Kinder oder für die Erwachsenen einen gut sortierten Weinkeller, in dem der Wein gleich direkt getrunken werden kann. Wenn es einmal etwas Besonderes sein soll, so ist das lebendige, heimelige Ambiente des Zocklwirtes kaum zu übertreffen.

GAILTALER HIRSCHGESCHNETZELTES

Zutaten
1 kg Hirschfleisch von Schulter, Hals, Vogerl
1/4 kg Zwiebel
10 dag Öl
5 dag Selchspeck
20 dag Karotten
10 dag Petersilwurzel
10 dag Sellerie
1/2 Zitrone
1/4 l Rotwein
1/4 l Suppe
10 Wacholderbeeren
2 Lorbeerblätter
etwas Thymian und Muskatblüten
Salz und Pfeffer
1 EL Senf
1 EL Granten
1 EL Mehl
1/8 l Rahm

Zubereitung
Fein gehackte Zwiebel in Öl hellgelb anrösten, würfelig geschnittenen Speck und geschnittene Wurzeln beigeben, gut durchrösten, mit Wein ablöschen, mit Suppe auffüllen, würzen, aufkochen lassen. Das kleinwürfelig geschnittene Fleisch beigeben und weich dünsten. Rahm mit Mehl versprudeln und damit die Sauce binden. Dazu serviert man Spätzle und Granten.

Auch in Tirol war die Jagd schon im Mittelalter und in der Neuzeit eine beliebte Betätigung des Adels, der seine Speisekammern gerne mit köstlichem Wildbret von Hirsch, Wildschweinen, Bären, Wölfen und Luchsen füllte. Denn seit dem 14. Jahrhundert war die Jagd das alleinige Recht der Landesfürsten und damit der hohen Adeligen, die es als eindrucksvolles Mittel zur Repräsentation aber auch einer Form der körperlichen Ertüchtigung ansahen. Ein Kräftespiel zwischen Fürst und den Untertanen war die Folge und das Nachsehen hatte, wie in weiten Gebieten der damaligen Zeit, das so genannte niedere Volk, das lediglich, unter großen Einschränkungen, die Niederwildjagd betreiben durfte. Daraus und aus den ständig herrschenden Hungersnöten entstand die Wilderei, die vom 14. Jahrhundert bis weit in das 19. Jahrhundert reichte, obwohl bereits gegen Ende des 18. Jahrhunderts die Passion der großen Hofjagden beendet war.

Die Jagd ist auch heute noch in Tirol eine gelebte Leidenschaft und besieht man die enorme Jagdfläche, dann wird klar, dass die Jagd in Tirol mittlerweile auch ein bedeutender Faktor für die Wirtschaft geworden ist. Alle Ausgaben dafür, von der Fütterung bis zum jagdlichen Personal, summieren sich und kommen dem Land zugute.

Da das wunderschöne Land Tirol für seinen regen Fremdenverkehr berühmt ist, werden in den großzügigen Hotels in traumhafter Naturumgebung viele Jagdreisen für in- und ausländische Gäste, perfekt organisiert, angeboten.

Tirol ist mit einer Gesamtfläche von 12 648 Quadratmeter das drittgrößte Bundesland Österreichs und eindeutig ein Hochgebirgsland. Damit stehen der Bevölkerung lediglich 13 Prozent der Fläche als Dauersiedlungsraum zur Verfügung. Mehr als die Hälfte der Tiroler Fläche liegt über der Waldgrenze: Was dem Besucher als herrliche Bergregion ins Auge fällt, macht dem Bewohner mitunter das tägliche Leben und Über-Leben sehr hart. Schnee gibt es dort oben fast zu jeder Jahreszeit, lange Winter und kalte Nächte auch während der Sommermonate bieten extreme klimatische Bedingungen im Hochgebirge. Hier gedeihen Pflanzen selbst in den kleinsten Felsspalten; Kräuter und Gräser bilden Humusschichten, die leicht durch Wanderer und unbedachtes Gehen abseits der gekennzeichneten Wege zerstört werden können. Steinbock, Gams, Murmeltier und einige Vögel haben hier ihren Lebensraum bezogen und sind durch den starken Tourismus und die Bewegung zu allen Jahreszeiten durch zahlreiche Skipisten, Tourengeher oder Paraglider auf den Bergen einer Gefährdung ausgesetzt. Die Natur der Berge und das Wild können diesen neuen Einflüssen nur dann standhalten, wenn der Bergtourismus vernünftig und rücksichtsvoll betrieben wird. Eine besondere Hege ist in den Tiroler Bergregionen deshalb auch stark notwendig. Mehr als 1 162 900 Hektar des

Landes werden bejagt und dabei gibt es 1256 Jagdreviere, wobei 143 Berufsjäger, mit einer kompletten Ausbildung sowie 1310 Jagdaufseher beschäftigt sind. In Tirol in Rotholz bei Jenbach befindet sich auch die einzige Berufsjägerschule Österreichs. Ohne spezielle Ausbildung ist die Jagd in Tirol nicht möglich und sie ist, wie in ganz Österreich, nach dem Reviersystem geordnet. Das heißt, dass für ein fest umrissenes Gebiet Eigentumsverhältnisse und Jagdverpachtung sowie Abschusspläne festgelegt sein müssen.

Überhaupt ist die jährliche Wildzählung Grundlage für den jährlichen Abschussplan von Schalenwild wie Rotwild, Reh, Gams, Stein- und Muffelwild oder hasenartige Nagetiere wie Murmel oder Schneehase. Die Wildanzahl gibt aber auch Information über die Gesundheit der Wildbestände und damit auch über die Gesamtlage der Tiroler Natur. Die 15 636 Tiroler Jäger haben damit eine sehr bedeutungsvolle Aufgabe für die Gesunderhaltung von Natur und Wild übernommen.

GAMSKOGELHÜTTE
Peter Margreiter
Windautal
Hinterwindau 97
A-6363 Westendorf

Telefon + 43 (0) 664 / 162 94 95

Ruhetag: Montag
Geöffnet von Anfang Mai bis Ende Oktober
von 10.00–18.00 Uhr.

Im schönen Tiroler Windautal, einem Juwel der Kitzbühler Alpen, findet man auf 1140 Metern Seehöhe eine echte Tiroler Berghütte mit bester und freundlichster Gastlichkeit: Die Gamskogelhütte wurde 1952 errichtet und befindet sich seither im Familienbesitz. Sie wird nun bereits in dritter Generation von Peter Margreiter und seiner Familie geführt. Im wildromantischen Windautal bieten sich zahlreiche Freizeitmöglichkeiten von Rad fahren bis wandern, Natur erleben oder einfach nur Erholung finden ganz automatisch an. Für das leibliche Wohl sorgt Familie Margreiter durch eine traditionelle und absolut bodenständige Küche. Durch die herrliche Naturlage kann Peter Margreiter sein frisches Wild direkt von den Jägern der Umgebung beziehen. Serviert werden Wildragout, Hirschbraten und andere Spezialitäten vom Wild. Für seine Fischspezialitäten wie gebratene Gebirgsforellen ist das Wirtshaus weithin bekannt. Eine zünftige Brett'ljause sowie köstliche hausgemachte Kuchen zählen ebenso zum Speiseprogramm der urigen Gamskogelhütte, die übrigens Mitglied der Qualitätsvereinigung „Tiroler Wirtshaus" ist.
Die Gamskogelhütte ist außerdem der Ausgangspunkt für zahlreiche Wanderungen in die umliegende Bergwelt und diese unberührte Natur- und Berglandschaft weckt die Lebensgeister wieder und schenkt neue Energie.
Der herrliche Gastgarten bietet ein wunderbares Panorama und in dieser angenehmen Atmosphäre kann man sich bei einem erfrischenden Getränk oder bei Kaffee, hausgemachten Kuchen oder einem Eisbecher rundum verwöhnen lassen. Für Figurbewusste gibt es knackige Salate im Angebot und es locken auch immer wieder saisonale Wochen je nach Angebot der Saison zum Verkosten.

SPA-HOTEL JAGDHOF
A-6167 Neustift-Stubaital

Telefon + 43 (0) 52 26 / 26 66
Telefax + 43 (0) 52 26 / 26 66 - 503

Auf der Welt gibt es einzigartige Plätze der Gastlichkeit, bei denen wirklich alles stimmt: Einer davon ist das 5-Sterne-Spa-Hotel Jagdhof im Stubaital, inmitten der idyllischen Tiroler Bergwelt, eingebettet in eine prachtvolle Landschaft mit Wiesen, Bächen, Wäldern und den imposanten Bergen. Das Panorama rund um das Hotel findet seinen Höhepunkt beim Stubaier Gletscher, der mit seiner weißen Pracht einen interessanten Kontrast zu den grünen Wäldern bietet.

Das 5-Sterne-Haus ist seit 2004 Mitglied der renommierten Hotelvereinigung Relais & Châteaux und seit 2005 kann man sich über einen weiteren Meilenstein freuen: Die Relais & Châteaux Spa Trophy 2005 wurde für den herausragenden Wellness- und Beauty-Bereich verliehen.

In den 1970er Jahren haben Leo und Margot Pfurtscheller das Hotel Jagdhof eröffnet. Heute wird es von Herrn Armin Pfurtscheller, seiner Ehefrau Christina und der Direktorin Claudia Reichenberger umsichtig auf allerhöchstem Niveau geleitet. Die internationale Klientel liebt die großzügige und behagliche Atmosphäre, die durch Verwendung von heimeligem Holz, aufwändigem Komfort und liebevolle Details besticht. Alle Zimmer und Appartements haben einen wunderbaren Ausblick auf die Bergwelt, Satelliten-TV mit CD/DVD-Player, Minibar, Telefon, Badewanne, Dusche mit separatem WC und digitalen Internetanschluss, damit kein Wunsch offen bleibt.

Abgesehen von der faszinierenden Hotelwelt des Jagdhofs bietet dieses Haus eine Attraktion, die man sonst in ganz Österreich nicht findet: Das familieneigene Jagdrevier, im Stubai- sowie im Gschnitztal gelegen und über 7000 Hektar groß, steht für jagdliche Aktivitäten zur Verfügung. Das Revier ist bis auf 2000 Meter gut be-

fahrbar und eignet sich deshalb auch gut für ältere Jagdgäste. Der Wildreichtum Tirols und der Ausblick auf die eindrucksvollen Berge sind unvergessliche Erlebnisse auf der Pirsch in einer Hochgebirgsjagd auf Gams, Rotwild, Reh und Murmel. Alle Familienmitglieder (auch die Damen) sind selbst passionierte Jäger und beraten die Jagdgäste fachkundig. Den interessierten Jägern wird versichert, dass man während des Jagdaufenthaltes tatsächlich zum Schuss kommt, denn jeder Gast wird immer von einem erfahrenen Jagdführer begleitet, der mit Rat und Tat zur Seite steht. Bedenkt man die prachtvolle Natur und die Jagdleidenschaft der Familie Pfurtscheller, so ist es nur logisch, dass auch die herausragende Küche des Hauses, geführt von Küchenchef Dietmar Fröhlich, immer wieder Wildgerichte, natürlich aus der Eigenjagd, auf den Tisch bringt. Vom frischen Wild werden alle Teile verarbeitet und auf hohem Niveau zubereitet: Edelteile wie Gamsrücken in Holunderjus, Wildragout mit Waldpilzen und Apfelrotkraut oder rosa gebratene Gamskeulen auf Speckrahmwirsing, um nur einige Spezialitäten der Wildküche zu nennen.

Herr Fröhlich kocht in einer super modernen, erst 2005 komplett umgebauten Küche und achtet auf konsequente und erstklassige Qualität. Nach Absolvierung seiner Kochausbildung in Top-Betrieben im In- und Ausland und dreijähriger Tätigkeit als Sous-Chef im Jagdhof übernahm

Gasthof Kirchenwirt | Kirchberg

GASTHOF KIRCHENWIRT
Neugasse 14
A-6365 Kirchberg

Telefon + 43 (0) 53 57 / 28 52
Telefax + 43 (0) 53 57 / 377 37

Betriebsferien von April bis Mitte Mai
sowie von November bis Mitte Dezember

Inmitten der wunderschönen Bergwelt des Brixentales liegt zentral, aber doch ruhig, der Gasthof Kirchenwirt. Das schöne Tiroler Haus wird von der Familie Gröderer geführt und ist durch die liebevolle Atmosphäre und Gemütlichkeit vielen Gästen zur zweiten Heimat geworden.

Der Gasthof Kirchenwirt ist nicht nur Mitglied der bekannten Initiative zur Erhaltung der Tiroler Wirtshauskultur, sondern hat auch noch drei weitere Asse im Ärmel: eine Eigenjagd, eine kleine Landwirtschaft und einen Kalter mit lebendfrischen Forellen aus dem Schwendter Gebirgswasser. Hanspeter und Johannes Gröderer sind beide leidenschaftliche Jäger, die das sorgfältig erlegte Wildbret verarbeiten und gekonnt zubereiten. Hervorragende Spezialitäten, wie ein zart rosa gebratener Rehrücken auf Kirschrahmsauce, ein Rehgeschnetzeltes mit Eierschwammerlsauce, ein Hirschrückensteak auf Zweigeltsauce oder das Wildererpfandl bieten wahrlich „wilde" Vielfalt und einzigartigen Genuss. In der Landwirtschaft werden Schafe gehalten, und so findet man gegrillte Lammkoteletten, Lammnüsschen oder das beliebte Bauernlammbratl mit mitgebratenen Kartoffeln und Radisalat auf der Speisekarte. Für Liebhaber von Innereien gibt es Nierndln in Senfrahmsauce sowie Tiroler Leber und Beuscherl. Bergkäse von der nahe gelegenen Wildalm, saurer Bierkäse, Apfelkiachl mit Zimtzucker und Moosbeernocken runden das Angebot ab.

Die Tochter des Hauses, Elisabeth Gröderer, zählt zu den Jungsommeliers Österreichs und berät die vielen Gäste fachkundig bei der Auswahl der ausgesuchten Weine, die vorwiegend aus Österreich, aus den bekannten Weinbauregionen wie dem Kamptal, der Wachau, der Südsteiermark oder aus der burgenländischen Thermenregion, stammen.

Bierfreunde werden bestens mit Kaiser Bier oder Edelweiß Weizenbier verpflegt. Egal, ob man im Winter zum Skifahren in den Großraum Kitzbüheler Alpen kommt oder den Sommer über sein Vergnügen bei herrlichen Wanderungen in der reinen Natur sucht, im Gasthof Kirchenwirt stehen 28 gemütliche Zimmer und drei Appartements zur Verfügung. Sauna, Solarium und Dampfbad bieten modernen Luxus für alle Erholungssuchenden nach den Aktivitäten im Freien.
Kirchberg und der Gasthof Kirchenwirt bieten einen Urlaub in einem Tal mit bäuerlicher Tradition, geprägt von den vier Jahreszeiten, die das kulturelle Leben beeinflussen.

GAMSMEDAILLONS

Zutaten
Wildfond für ca. 1,5 l
ca. 1 kg Wildknochen
Parüren (Abschnitte vom Zuputzen des Gamsrückens)
ca. 1/4 kg Wurzelwerk (Sellerie, Lauch, Karotten, Petersilie)
1 Knoblauchzehe
1 Zwiebel, grob würfelig geschnitten
Pfefferkörner, 2 Lorbeerblätter
etwas Thymian
100 g Tomatenmark
60 g Fett
1/8 l Rotwein
2,5 l kaltes Wasser
Mehl zum Stauben
Für den Gamsrücken:
ca. 800 g Gamsrücken
1/8 l Wildfond
1/16 l Rotwein
etwas Rahm
2 cl Cognac
10 Wacholderbeeren, gehackt
1 EL Preiselbeeren
Salz, Pfeffer

Zubereitung
Die Knochen mit den Parüren hell anrösten, das Gemüse und das Fett hinzugeben, mitrösten, mit Mehl stauben und leicht braun werden lassen. Das Tomatenmark hinzugeben und weiterrösten. Mit dem Rotwein ablöschen, Wasser zugeben und alles gut vermischen. Das Ganze aufkochen lassen, die Hitze vermindern und mindestens 1 Stunde leicht köcheln lassen, danach abseihen. Ein Fond ist eine Grundsauce, die nicht eigenständig serviert wird, daher wird sie nicht gewürzt.

Den Gamsrücken in ca. 2 cm dicke, gleichmäßige Scheiben schneiden, mit Salz und Pfeffer würzen. Die Medaillons in einer sehr heißen Pfanne beidseitig anbraten. Das Fleisch aus der Pfanne nehmen, den Bratensaft mit dem Rotwein ablöschen, die gehackten Wacholderbeeren zugeben, mit dem Wildfond aufgießen. Etwas eindicken lassen, die Preiselbeeren und Cognac dazugeben, wenn nötig nachwürzen und mit Rahm verfeinern. Als Beilage passen Serviettenknödel, Kartoffelrösti oder Spätzle, sowie Rotkraut oder Sprossenkohl.

Gasthof Roßmoos***| Alpbach

GASTHOF ROSSMOOS***
Alpbach 92
A-6236 Alpbach

Telefon + 43 (0) 53 36 / 53 05
Telefax + 43 (0) 53 36 / 53 05 - 20

Ruhetag: Dienstag
Betriebsferien: Ostern bis Pfingsten,
Ende Oktober bis Mitte Dezember

Am Fuße des Schatzberges, auf über 1200 Meter Seehöhe, liegt der Gasthof Roßmoos, dessen Hausgeschichte bis in das 13. Jahrhundert zurückzuverfolgen ist. Erst Bauernhaus, wurde es 1957 von der Mutter des heutigen Besitzers, Herrn Franz Moser, zu einer Jausenstation und danach in ein Gasthaus umgewandelt. In dem wunderschönen Familienbetrieb arbeiten auch alle Mitglieder tatkräftigst mit: Franz Moser selbst und sein zweiter Sohn Martin sind für die ausgezeichnete Küche zuständig, Bruder Klaus versorgt die Landwirtschaft, aus der alle Produkte für die Speisen bezogen werden, Tochter Petra hat das Service inne, der erste Sohn Andreas arbeitet auch in der Landwirtschaft und als Skilehrer. Der jüngste Sohn Georg, Lehrling der Maschinenbautechnik, hilft ebenfalls mit und steht im Winter unter anderem als Pferdeschlittenfahrer gerne zur Verfügung. Ehefrau Marlies ist die Seele und die Allrounderin des seit 1667 urkundlich anerkannten Tiroler Erbhofes. Die große urgemütliche Stube mit neuem Anbau und die stilvolle Bauernstube, die seit 1877 im geschmackvollen Originalzustand belassen wurde, was man an der Täfelung erkennen kann, schenken den richtigen Rahmen für die köstlichen Speisen der Moser'schen Kochkunst. Die Philosophie ist so echt, wie die traumhafte Landschaft des Alpbachtales: „Schwerpunkt ist die Tiroler Küche aus original Tiroler Produkten", erläutert Franz Moser, „unsere Spezialität sind Tiroler Gerichte wie Kaskrapfn, Tiroler Knödel oder Blaubeernocken aber auch Wildgerichte." Franz Moser, selbst Jagdpächter und Aufsichtsjäger der Gemeindejagd, sorgt dafür, dass nur die besten Stücke vom Wildbret auf die Teller kommen. Rehbeuschl, gespickte Hirschschnitzel, Gamsmedaillons, Jagdherrenspieß oder Hirschroastbeef mit Waldorf Salat lassen keine Wünsche offen. Wild gibt es immer auf der Karte und

im September werden zusätzlich spezielle Wildwochen mit noch mehr Auswahl angeboten. Das internationale Publikum aber auch viele Einheimische mit ihren Familien genießen die Tafelfreuden im Gasthof Roßmoos und schätzen auch die vielen österreichischen Qualitätsweine oder ein frisch gezapftes Bier zu den köstlichen Speisen. Für Kenner stehen auch Spezial-Edelbrände aus Apfel, Schlehe oder Holunder bereit.

Im Sommer kann man auf der Terrasse vor dem ehrwürdigen Haus herrlich abspannen und den Panoramablick auf die Kitzbühler Alpen genießen. Direkt im Gasthof gibt es top renovierte Ferienwohnungen für zwei bis sechs Personen, im benachbarten Gästehaus stehen Komfortzimmer und eine Ferienwohnung bereit. Jede Jahreszeit bietet in Alpbach ungezählte Möglichkeiten, einen aktiven und naturbezogenen Urlaub zu verbringen. Die exzellente Betreuung durch alle Familienmitglieder Moser ist in jeder Weise absolut garantiert und die traumhafte Natur rundherum bietet sich für erholsame, entspannte Tage förmlich an.

HIRSCHRAGOUT

Zutaten (für ca. 10 Personen)
2,2 kg Hirschschulter (zugeputzt und entsehnt)
120 g Fett
200 g Karotten (gestiftelt)
80 g Mehl
300 g Zwiebeln
30 g Tomatenmark
1/2 l Rotwein
1 l Rindssuppe oder Wildfond
ca. 1/4 l Rahm
Salz, Pfeffer, Wacholderbeeren, Petersilie gehackt, Rosmarin

Zubereitung
Fleisch grob würfelig schneiden und mit den Gewürzen mischen. Gehackte Zwiebeln in Fett anrösten, Fleisch zugeben kurz anrösten, Tomatenmark und Mehl beigeben und kurz weiterrösten, mit Rotwein ablöschen und mit Rindssuppe aufgießen. Karotten beigeben und bei mittlerer Hitze weich dünsten lassen und anschließend mit Rahm verfeinern. Dazu empfehlen wir Spätzle oder Serviettenknödel, Blaukraut und Preiselbeeren.

Gasthof Pension Stern | Steeg

GASTHOF PENSION STERN
A-6655 Steeg

Telefon + 43 (0) 56 33 / 56 44 od. 53 55
Mobil + 43 (0) 664 / 64 36 158
Telefax + 43 (0) 56 33 / 564 43

Nur etwa 15 Kilometer vom international renommierten Urlaubsort Lech entfernt, liegt der Gasthof Stern in ruhiger und idyllischer Lage in Steeg inmitten einer bezaubernden Bergwelt, die eine ideale Umgebung für Wanderungen, Berg- und Hüttentouren sowie Ski- und Skilanglauf bietet.
Jeder Naturliebhaber wird seine reine Freude an den Wasserfällen, Bergwiesen, Felswänden und seltenen Pflanzen haben, die jeden Urlaub, Sommers wie Winters, zu einem einmaligen Erlebnis werden lassen.
Einmalig ist auch der Gasthof selbst, ausgezeichnetes Mitglied der Tiroler Wirtshauskultur, der bereits in dritter Familiengeneration von Tanja und Guntram Hauser geführt wird. Das junge und sehr engagierte Paar setzt vor allem auf Familienfreundlichkeit und ist rund um die Uhr um die Gäste bemüht. Da das Lechtal extrem wildreich ist und Guntram Hauser natürlich auch selbst der Jagd nachgeht, gibt es Wild am Sonntag rund ums Jahr auf der Speisekarte und auch immer dann, wenn die Jäger der Umgebung Wildbret anliefern. Guntram Hauser hat das fachgerechte Zerwirken des Wildes vom Vater gelernt und sorgt als Küchenchef für Köstlichkeiten wie geräucherten Hirschschinken, Rehfilet Hubertus mit Pilzrahmsauce und Schupfnudeln, Ragout vom Wildhasen, Rehsteaks mit frischen Kräutern oder die großartige Wilderer Festtagsplatte, die Feinstes vom Reh, Hirsch oder Gams bietet. Die gesamte Küchenlinie des Hauses definiert das Ehepaar als bodenständig, aber exquisit. Und so sind auch die geselchte Hauswurst, die Eier von den eigenen Hühnern und das Gemüse aus dem Garten ein Zeichen dafür, dass hier nur regionale Produkte bester Qualität zum Einsatz kommen. „Bei uns gibt es nichts aus der Pa-

ckung," erzählt Guntram Hauser, „von der Suppe bis zum Dessert verwenden wir nur frische Zutaten." Die Gäste wissen das zu schätzen und genießen auch die Lechtaler Krautsuppe, die Steeger Kassupp'n, das Tiroler Gröstl oder den hausgemachten Apfelstrudel.

Das massive Tiroler Haus verfügt über einen feinen rustikalen Stil und ist mit echten Bauernmöbeln ausgestattet, die der Vater selbst in vielen Jahren Arbeit kunstvoll gefertigt hat. Die urgemütlich getäfelte Gaststube im „Lechtaler Stil" ist teilweise zweihundert Jahre alt und verströmt die Gemütlichkeit, die der gestresste Gast sucht. Die 19 Zimmer für die Gäste sind ebenfalls aus Massivholz und wurden mit viel Liebe zum Detail ausgestattet. Moderne Annehmlichkeiten wie Bad, Dusche, Sat/TV, Telefon sowie teilweise Balkon sind im Gasthof Stern selbstverständlich. Nach einem aktiven Tag im Freien stehen zur völligen Entspannung Sauna, Dampfbad und Solarium zur Verfügung. Dass jeder Ferienaufenthalt auch klaglos und perfekt abläuft, dafür sorgt die charmante Tanja Hauser sowie das gesamte Stern-Team. Im „Stern" genießt man Komfort in familiärer Atmosphäre und die traditionelle Tiroler Gastlichkeit in Perfektion.

JÄGERSPIESS

Zutaten (für 2 Personen)

400 g Wildfleisch (Rehschale, Hirschschale)
1 Zwiebel
2 Paprika
6 Scheiben geräucherten Bauchspeck
4 milde Pfefferoni
100 g frische Schwammerl
Majoran, Kümmel, Thymian, Wohlgemuth (alles gemahlen)
Salz, Pfeffer

Haselnuss-Spätzle
250 g Mehl
4 Eier, etwas Wasser
Salz, Pfeffer, Muskatnuss
50 g Haselnüsse
1 Schuss Sahne

Preiselbeer-Sahnekren
1/8 l Sahne
1 EL Preiselbeeren
1 EL Kren, Prise Salz

Zubereitung

Wildfleisch in acht kleine Schnitzel schneiden, Zwiebel schälen und vierteln, Paprika entkernen, vierteln, Schwammerl waschen, in Scheiben schneiden. Das Fleisch mit Salz und Pfeffer würzen und in eine Pfanne mit heißem Fett geben. Zwiebel, Paprika, Speckscheiben und Pfefferoni dazugeben. Wenn das Fleisch rosa gebraten ist, noch mit den Gewürzen nachwürzen. Das Fleisch abwechselnd mit Pfefferoni, Zwiebel, Speckscheiben auf zwei Spieße aufstecken. Zum Schluss noch die Schwammerl anrösten und mit den Pfefferoni über den Spieß geben.

Für die Spätzle das Mehl mit Eiern und Gewürzen vermischen. Bei Bedarf noch etwas Wasser hinzugeben bis der Teig zähflüssig ist. Ca. 5 Liter Wasser zum Kochen bringen und den Teig durch einen Spätzleschaber durchdrücken. Kurz aufkochen lassen, die Spätzle sofort kalt abschrecken. Nach dem Abseihen vom kalten Wasser die Spätzle mit etwas Öl beträufeln, damit sie nicht zusammenkleben. Vor dem Anrichten die Spätzle mit Haselnüssen und einem Schuss Sahne in eine Pfanne geben, mit Salz und Pfeffer würzen.

Die Sahne steif schlagen, Preiselbeeren und Kren dazugeben, mit einer Prise Salz würzen.

Gasthof zur Post | Hinterriß

GASTHOF ZUR POST
A-6215 Hinterriß im Alpenpark Karwendel

Telefon + 43 (0) 52 45 / 206
Telefax + 43 (0) 52 45 / 206 - 4

Bereits 1925 entstand unter enormem Aufwand und mit viel Engagement der Gasthof „Grießenböck", der heute in der dritten Familiengeneration von Manfred und Brigitte Reindl sorgsam geführt wird. Die vielen Jahrzehnte lang war es dem Einsatz der Familienmitglieder zu verdanken, dass der Gasthof seine heutige Größe und eine perfekte Ausstattung hat. Seit 1987 wurde nach und nach immer wieder renoviert und so bieten die gemütlichen Gästezimmer Dusche oder Bad, sind meist mit Balkon ausgestattet und mit dem Lift bequem erreichbar. Die behagliche Atmosphäre des Hauses, in dem echte Tiroler Gastlichkeit und Wirtshauskultur zelebriert werden, ist für die vielen Stammgäste ein Grund, gerne wiederzukehren.

Insbesondere die Küche des Gasthofs zur Post, von Brigitte Reindl mit viel Freude und Liebe geführt, bietet heimische Schmankerln aber auch internationale Speisen an. Da das Haus in einer der schönsten Naturlandschaften der Ostalpen, inmitten des Alpenparks Karwendelgebirge, liegt und Herr Manfred Reindl selbst auch Jäger ist, steht Wild natürlich das ganze Jahr über auf der Karte. Die herrlichen umliegenden Jagdreviere liefern das Wildbret, aus dem Frau Reindl echte Spezialitäten bereitet: Wildleberknödelsuppe, Wildinnereien wie Wildbeuschel, Wildschweinbraten, Hirschragout oder Hirschroulade mit Nudeln können sich sehen und schmecken lassen. Für den kleineren Hunger gibt es die richtigen Gerichte einer Tiroler Brotzeit wie eine Jause mit Gams- und Hirschwürsteln. Die unmittelbare Nähe zum Nachbarland Bayern erklärt auch das Vorhandensein der klassischen Weißwurst mit süßem Senf, die man noch vor elf Uhr Vormittag essen sollte. Da die Familie Reindl über eine eigene Fischzucht verfügt, sind die Rißbachforellen eine große Spezialität des Hauses. Durch die phantastische Wasserqualität verfügen die Fische über ein besonders festes Fleisch und einen reinen, unverfälschten Geschmack. Sowohl zu den Wildspeisen aber auch den Fischen passend, serviert man gerne Rot- und Weißweine aus Niederösterreich und auch Südtirol.

Da bereits die Kinder der Wirtsleute eifrig im Betrieb mitarbeiten, ist wohl sicher, dass auch die vierte Familiengeneration in bewährter Weise ihre zahlreichen Gäste umsorgen wird.

GASTHOF WIEDERSBERGERHORN
A-6236 Inneralpbach 206

Telefon + 43 (0) 53 36 / 56 12
Telefax + 43 (0) 53 36 / 56 12 - 39

In vielleicht einem der schönsten Täler Europas, dem Alpbachtal, liegt das 4-Sterne-Hotel Wiedersbergerhorn, das bereits in dritter Generation im Besitz der Familie Cia ist, deren Familienwappen aus dem Jahre 1524 datiert. Ganz in der Nähe des Hotels gibt es auch ein Museum eines uralten Bauernhofes, wo man noch die Rauchkuchl der Schießling Moid aus dem Jahre 1638 bewundern kann. Heute leiten Markus und Jutta Cia das wunderschöne Haus, in dem 30 liebevoll eingerichtete Zimmer und ein sehr individueller Wellnessbereich auf 120 Quadratmetern für die Gäste zur Verfügung stehen. Aufgrund der langen Vergangenheit erzählt Markus Cia gerne von den Gebräuchen seiner Familie: „Es ist legendär, hier bei uns zu essen. Essen war und ist für unsere Familie immer ein Thema. Es wird experimentiert aber auch viel Traditionelles zubereitet."

Herr Cia weiß genau, wovon er spricht, hat er doch selbst eine klassische Kochausbildung. Sein Betrieb ist auch Mitglied der Vereinigung „Tiroler Wirtshauskultur", die für beste Qualität garantiert. Er bezieht das Wild natürlich aus der wunderbaren Umgebung und serviert selbst geräucherten Wildschinken, Hirschcarpaccio mit Vogerlsalat und gehobeltem Bergkäse, Hirschsteak mit Steinpilzravioli und ab und zu eine Spezialität von der Gams. Dass sich in seinem gemütlichen Restaurant auch ein Jägerstammtisch angesiedelt hat, spricht für sich und die Bänke für die Jäger sind praktischerweise gleich mit Hirschleder bezogen und schenken echt urige Atmosphäre. Diese wird von den Gästen, die im Sommer zum Wandern und im Winter zum Skilaufen kommen, in vollen Zügen genossen. Lifte und Loipen befinden sich direkt vor dem Haus, Skikurse oder Skipässe werden gerne individuell besorgt. Für Kinder gibt es einen eigenen Kinderspielplatz und auch Kindergerichte. Eher für die Großen gibt es nach dem Essen oder nach dem Skifahren Edelbrände, die der Vater nur speziell für den Betrieb seines Sohnes brennt. Ganz besonders zu empfehlen sei der Brand Zwetschke-Vogelbeer.

Ein Urlaub im Gasthof Wiedersbergerhorn verspricht Sommers wie Winters besonderen Genuss durch die wunderbare Naturlandschaft, die Kulinarik, das gepflegte Haus und die freundliche, familiäre Betreuung durch Familie Cia und ihre Mitarbeiter.

Am westlichsten Zipfel Österreichs, gesamt gesehen aber im Herzen Europas, liegt eines der kleinsten Bundesländer Österreichs, Vorarlberg. Der mächtige Arlberg trennt das „Ländle“, wie Vorarlberg in Österreich genannt wird, von seinem Nachbarland Tirol. Das Gebiet des Arlbergs ist wohl eines der schönsten alpinen Gebiete und international äußerst bekannt durch seine phantastischen Ski- und Tourengebiete, die jedes Jahr zahlreiche Touristen anziehen. Generell ist der Tourismus für Vorarlberg einer der wichtigsten Wirtschaftszweige und dadurch ist es nötig, die traumhaften Berggebiete einem besonderen Schutz anheimzustellen. Vorarlberg ist ein Gebirgsland, das man mit den Begriffen alpin bis hochalpin beschreibt und besitzt einen ungemeinen Waldreichtum: 94 000 Hektar und damit 36 Prozent des Landes sind Wald und damit besitzt dieses Bundesland eine hohe Lebensqualität inmitten einer intakten Umwelt. Damit dies künftig auch so bleibt, sind Regierung und viele Vereinigungen bestrebt, Wald und Naturregionen zu schützen und entsprechend zu kontrollieren. Die Landesregierung kooperiert daher mit vielen Partnern von Seilbahn-, Land- und Forstwirtschaft, Jagd oder Tourismus, damit ein besseres Naturverständnis bei den Menschen entsteht. Natur wird als uner-

setzlicher Lebensraum für Pflanzen und Tiere angesehen und hat vom Menschen respektvoll behandelt zu werden. Es ist besonders wichtig, bei der Jagd und den Jagdvorschriften auf die Regulierung des Wildbestandes zu achten und damit auf die Tatsache, wie viel Wild ein Lebensraum verträgt und auch ordentlich ernähren kann. Das Vorarlberger Jagdgesetz stammt aus dem Jahre 1988 und ist darauf ausgerichtet, die Problematik, beziehungsweise den Bezug zwischen Wald und Wild in den Griff zu bekommen. Studien beweisen, dass sich die Lebensraumverhältnisse des Wildes stetig geändert haben und stehen damit unter ständiger Beobachtung, um konsequente Verbesserungen zu erzielen. Seit Jahrhunderten wird die natürliche Baumgrenze auf 1600 Meter abgesenkt, was den Tieren hervorragende Lebenszonen durch das Vorkommen der nährstoffreichen Futterpflanze Mutterer oder Mattau bietet. Seit 2000 ist diese Senkung vom Weltnaturschutz anerkannt. Im Bereich der rund 700 bewirtschafteten Almen ist das jagbare Wild in vielen Arten vorhanden; generell vorrangig in Vorarlberg sind Rehe, Rotwild, Gams, Wildschwein, Schneehase, Murmeltiere, natürlich diverse Arten von Raubwild wie Dachs oder Marder und seit der Wiedereinbürgerung gibt es auch einen guten und jagbaren Bestand von Steinwild. Das Vorarlberger Jagdrecht ist an Grund und Boden gebunden; eine Eigenjagd muss mindestens 115 Hektar aufweisen, eine Genossenschaftsjagd 300 Hektar.

Eine besondere Landschaft des „Ländles" ist die Bregenzerwälder Region, die inmitten einer herrlichen Natur Echtheit, Kultur und Bodenständiges fernab von künstlichen Erlebniswelten bietet. Auch das beeindruckende Hochgebirgstal des Montafon, 565 Quadratkilometer groß, besitzt eine reichhaltige Tier- und Pflanzenwelt. Durch seine Lage zwischen dem Tal in Lorüns mit ca. 580 Metern bis zum höchsten Berg, dem Piz Buin mit 3312 Metern, bietet es durch die starken Höhenunterschiede beste Bedingungen für viele Wildarten.

In Vorarlberg findet man überall eine gelungene Kombination zwischen Modernität und lebendiger, gewachsener Tradition. Das beginnt schon in der Architektur – man findet High-Tech-Holzhäuser in kubistischer Form neben wunderschönen alten Häusern von Händlern oder Bauern aus dem 13. und 14. Jahrhundert. Eines aber haben beide gemeinsam: Häuser und Besitz werden gepflegt und gehegt.

Auch in der Gastronomie kann Vorarlberg mit hohen internationalen Standards mithalten: Man vereint bei Gaumenfreuden althergebrachte Speisen, kombiniert sie mit modernen Inhaltsstoffen oder ungewöhnlichen Gewürzen neu und schafft somit eine ungemein kreative und ansprechende Kulinarik. Zwar hat sich vieles verändert und die „Mainstreams" unserer schnelllebigen Zeit sind auch an Vorarlberg nicht vorbeigegangen, so ist allerdings doch eines ganz fix geblieben:

Die prachtvolle Schönheit der Natur.

Restaurant Gasthof Adler | Schwarzenberg

RESTAURANT GASTHOF ADLER
Hof 15
A-6867 Schwarzenberg

Telefon + 43 (0) 55 12 29 66
Telefax + 43 (0) 55 12 29 66 - 6

Ruhetage: Montag und Dienstag
Betriebsferien: Zwei Wochen im Januar und zwei Wochen vor Ostern

Wer im wunderschönen Ort Schwarzenberg im Bregenzer Wald eintrifft und am Hauptplatz steht, meint, eine Zeitreise in das 18. Jahrhundert angetreten zu haben, denn die prächtigen Häuserfassaden besitzen einen hohen Anteil an gut erhaltener, historischer Bausubstanz.
Eines der schönsten Häuser am Platz ist der „Adler", ein Gasthof des Schwarzenberger Dorfkerns, um den seit über 250 Jahren dörfliche Honoratioren, Wirte, Handelsleute, Geldverleiher und Großbauern wohnten und ihre Geschäfte betrieben. Der „Adler" wurde 1757 nach einer verheerenden Feuersbrunst errichtet und bald zum wertvollsten Haus am Platz, das man mit 1200 Gulden sogar höher einschätzte als die Kirche des Dorfes.
Hundert Jahre später wurde mit den ersten baulichen Modifizierungen gestartet und 1991 begann Engelbert Kaufmann mit der liebevollen Sanierung des historischen Gebäudes. Hinter der beeindruckenden, mit Ochsenblut bemalten, blutroten Fassade, die unter dem Schindelkleid zum Vorschein kam, befindet sich heute eine gekonnte und vor allem extrem geschmackvolle Kombination aus Tradition und Moderne. Türlos aufeinander folgende Stuben, behutsam restaurierte Bregenzerwälder Sofas, ein Schränkchen für die Jasskarten oder eine aus dem ehemaligen Kramladen stammende Schüttkommode bilden einen perfekten Rahmen für Gäste, die Kunstgenuss zu schätzen wissen.
Aber auch die Kulinarik, die Engelbert Kaufmann im „Adler" bietet, ist mit zwei Hauben durchwegs geeignet, das gepflegte Ambiente und die Qualität des Lokals auch auf den Tellern fortzusetzen.
Seine Küchenphilosophie baut auf der Verwendung von frischen Produkten aus der Region auf und die fruchtbare Natur der Gegend sorgt immer wieder für diverse Wildgerichte auf seiner Speisekarte. Rehcarpaccio mit Rotkrautsalat, Rehmousse

mit Spaghettikürbis und Pilzpolenta oder das Zweierlei vom Hirsch, teils rosa Gebratenes und teils Ragout, mit süßsauren Zwetschken und Brioche-Serviettenschnitte seien nur einige genannte Köstlichkeiten aus der Adlerschen Küche. Das Rotwild stammt allesamt aus der Bregenzer Wälder-Region und man bereitet es gerne mit vielen heimischen Pilzen oder Gemüsesorten zu.
Frische Fische aus dem Bodensee, Forellen aus der Zucht, Käse von der familieneigenen Alpe und Desserts, wobei Milch der Wälder Bauern zu Sauerrahmeis für die Haselnuss-Topfen-Torte verwendet wird, lassen jedes Essen im „Adler“ zu einem kulinarischen Höhepunkt werden.
Die Auswahl des Weinkellers bietet vor allem edle Rieden aus Österreich. Engelbert Kaufmann konzentriert sich hierbei auf die besten Gegenden wie Südsteiermark, Wachau, das Burgenland oder das Weinviertel. Bei den Edelbränden dominiert sein Heimatland Vorarlberg, welches für seine herausragenden Brennereien bekannt ist.

REHTEIGTASCHEN AUF SELLERIEPÜREE MIT SCHWARZEN NÜSSEN

Zutaten
Nudelteig:
200 g Mehl doppelgriffig (Typ 450)
100 g Hartweizengrieß
1 Ei
150 g Eigelb
1 TL Olivenöl
Salz

Füllung
200 g Rehfleisch (Hals)
je 25 g Karotte, Sellerie, Zwiebel, Speck
1 Zweig Rosmarin gehackt
2 TL Wacholderbeeren zerstoßen
1/8 l trockener Rotwein
1/8 l roter Portwein
1/4 l Wildjus
1 EL Preiselbeeren
ca. 50–100 g Weißbrotbrösel
Selleriepüree:
250 g Knollensellerie, geschält,
in Würfel geschnitten
ca. 1/2 l Geflügelfond
Zitronensaft
1 EL geschlagene Sahne
ca. 10–15 grüne Nüsse

Zubereitung
Für den Nudelteig alle Zutaten zu einem kompakten Teig verkneten und kühl stellen.
Sellerie mit dem Geflügelfond zugedeckt weich kochen bis der größte Teil der Flüssigkeit verdampft ist. Sellerie pürieren, durch ein Sieb streichen. Mit Salz und etwas Zitronensaft abschmecken. Kurz vor dem Anrichten die geschlagene Sahne unterheben.
Rehfleisch, Karotte, Sellerie, Zwiebel und Speck durch den Fleischwolf drehen, in einem heißen Topf mit Erdnussöl anrösten. Rosmarin und Wacholderbeeren dazugeben. Mit Rotwein und Portwein ablöschen, mit Wildjus aufgießen. Preiselbeeren dazugeben und ca. eine Stunde im Rohr bei 160 °C schmoren. Die Masse erkalten lassen, mit Salz und Pfeffer abschmecken und soviel Weißbrotbrösel dazugeben bis eine trockene Masse entsteht.
Für die schwarzen Nüsse die grünen Nüsse mit einer Nadel rundherum einstechen. Die Nüsse 14 Tage ein kaltes Wasser geben. Das Wasser muss jeden Tag gewechselt werden. Nüsse dann in Läuterzucker (Zucker und Wasser im Verhältnis 1:1) weich kochen. Nüsse in kleine Marmeladengläser füllen und kalt stellen. So halten die Nüsse einige Wochen.
Den Nudelteig dünn ausrollen, 10 cm große Kreise ausstechen, mit Eigelb bestreichen. Etwas Rehfülle darauf geben, zusammen klappen, die spitzen Enden nochmals mit Eigelb bestreichen, zusammenkleben. Die Tortelloni in Salzwasser kochen, mit dem Selleriepüree und den Nüssen anrichten.

Burg Hotel | Lech am Arlberg

BURG HOTEL
A-6764 Lech am Arlberg

Telefon + 43 (0) 55 83 / 22 91 - 0
Telefax + 43 (0) 55 83 / 22 91 - 12

„Zuhause-Sein" am Arlberg, inmitten einer faszinierenden und wohl einzigartigen Landschaft Europas: Sonne, Schnee, reinste Natur der schönsten Sorte und Geborgen sein in einem Vier-Sterne-Superior Haus mit exquisitem Komfort – dem Burg Hotel in Oberlech. Es ist das Stammhaus der Arlberg-Resort-Spa-Hotels, wurde vor über 40 Jahren als „Burgstüble" gegründet und hat sich im Laufe der Zeit zu einem sportlich familiären Familienhotel entwickelt. Geführt wird das wunderschöne Haus von Gerhard und Elisabeth Lucian, die es mit typisch österreichischem Charme verstehen, ihre anspruchsvollen Gäste liebevoll zu verwöhnen. Ein tolles Kinderbetreuungsprogramm, mehr als 1000 Quadratmeter Wellnessanlage und das Tüpfelchen auf dem „I": Eine kreative, hochwertige Haubenküche lässt keine Wünsche offen. Diese unglaublich feine Küche ist den strengen Kritikern von Gault-Millau eine Haube und einen Michelin-Stern wert und es werden dazu nur frischeste und raffinierte Zutaten verwendet. Gerhard Lucian selbst ist nicht nur gelernter Koch, sondern hat die Jagd im eigenen Revier auch von der Pike auf gelernt. So ist es nicht erstaunlich, dass sich stets zwei Wildgerichte auf der umfangreichen Speisekarte finden und in den Monaten August und September sowie Dezember und Jänner wöchentlich zwei bis drei Mal Wild für die Hausgäste serviert wird. Die eigens erzeugte Wildwurst von Gams und Steinbock ist dabei eine sehr schmackhafte Spezialität der Region.

Unbedingt nennenswert sei auch der eindrucksvolle Weinkeller des renommierten Hauses, der mit rund 800 bis 1000 hochwertigen Tropfen aus vorwiegend österreichischen aber auch international bekannten Rieden gefüllt ist.
Quasi eine Dependance des wunderschönen Burg Hotels findet sich auf 2000 Meter Seehöhe auf einem traumhaften Hochplateau: die Kriegeralpe, die als die schönste Alphütte des Arlbergs gilt. Sie ist eine Kombination von charmanter Alphütte mit dem Spitzenservice der Arlberg-Resort-Spa Hotels. Auf dieser Hütte werden die bekannten Wildwürste auf der zünftigen Brettljause serviert und Gerhard Lucian verwendet dazu nur Wildbret, das er persönlich erlegt hat. Mutter Helga Lucian sammelt noch heute mit Leidenschaft beste Alpenkräuter für ihre aromatischen und heilsamen Teesorten auf den Hängen des Arlbergs, trocknet sie sorgfältig und daraus entstehen wohltuende, hochqualitative Teesorten, die gerne getrunken werden. Höchster Luxus und Komfort in Verbindung mit der bezaubernden hochalpinen Welt des Arlbergs: Hier kann man unbeschwerte und unvergessliche Tage verbringen!

MURMELTIERRAGOUT MIT KORINTHEN

Zutaten
1 kg Murmeltierfleisch (drüsen- und sehnenfrei)
2 l Wildfond
70 g Bauchspeck
2 EL Tomatenmark
3 EL Preiselbeeren
2 cl Cognac
25 g Korinthen
3–4 EL Butterschmalz
2–3 EL kalte Butterwürfel
Salz, Pfeffer zum Nachwürzen

Zutaten für Kaltmarinade
0,5 l Rotwein
0,25 l roten Portwein
100 g rote Zwiebel
80 g Karotten
60 g Sellerie
1 Knoblauchzehe
2 Lorbeerblätter
2 Rosmarinzweige
4 Thymianzweige
6 Wacholderbeeren
6 Pimentkörner
10 Pfefferkörner

Zubereitung
Fleisch in ca. 3 cm große Stücke schneiden, Zutaten der Kaltmarinade beigeben, 12 Stunden marinieren. Butterschmalz im Bräter erhitzen, Fleisch von allen Seiten scharf anbraten. Gemüse der Kaltmarinade beigeben, mitrösten. Tomatenmark dazu und dunkel rösten. Mit einem Teil der Marinade das Fleisch-Gemüsegemisch ablöschen, Vorgang 3–4 Mal wiederholen, bis Marinade aufgebraucht ist (je nach Ablöschen sollte die Flüssigkeit restlos einkochen). Mit Wildfond aufgießen, Kräuter und Preiselbeeren zugeben, auf großer Flamme einmal aufkochen. Schaum an der Oberfläche abschöpfen, Vorgang öfters wiederholen. Ragout auf kleiner Flamme weich kochen (90 Min.). Fleisch ausstechen, Sauce mit dem Gemüse durch ein feines Sieb passieren, nach Bedarf noch etwas reduzieren. 1 Eßlöffel Butter vorsichtig erhitzen, Korinthen dazugeben und so lange anschwitzen, bis sie sich aufblähen, mit Cognac flambieren. Sauce dazu geben und mit 2 Eßlöffel Butter montieren (binden).

Hotel Wirtshaus zum Gämsle | Schoppernau

HOTEL WIRTSHAUS ZUM GÄMSLE
Hinterm Stein
A-6886 Schoppernau

Telefon + 43 (0) 55 15 / 300 62
Telefax + 43 (0) 55 15 / 300 26

Ruhetag: Montag
Betriebsferien: November und ab Ostermontag bis Anfang Mai

Unerwartet idyllisch anmutend liegt am Ortsende von Schoppernau, wo die Welt dahinter bereits grüßen lässt, die geliebte Heimat der Familie Kasper. Mit Bregenzerwälder Sinnlichkeit und Montafoner Optimismus haben es Isabella und Erwin Kasper geschafft, sich selbst einen lang gehegten Wunsch zu erfüllen: ein harmonisches Zusammenspiel von Gegenständen mit Geschichte und Geschichten, von der Leidenschaft zu naturbelassenen Materialien, zu Handarbeit, Handwerk und Tradition, kombiniert mit der Liebe zur Familie und zur Gastwirtschaft.
Demzufolge ist das Hotel und Wirtshaus zum Gämsle ein besonders reizendes, sehr freundliches und ein mit Liebe zum Detail geführtes Haus, das im Winter beste Bedingungen für alle Gäste bietet. Mit 39 Kilometern präparierter Ski-Pisten und Abfahrten, Naturrodelbahnen, Winterwanderwegen und einem 62 Kilometer langen Loipennetz stellt das Wirtshaus zum Gämsle einen optimalen Ausgangspunkt für aktiven Urlaub dar.
Sommer bis Herbst verwöhnt die traumhafte Landschaft rund um das „Gämsle" mit einer Vielzahl von Freizeitmöglichkeiten: Mountainbike, Wandern, Klettern, Drachen- oder Gleitschirmfliegen, Paddeln oder einfach die Sonnenterrasse genießen – kein Wunsch bleibt offen. Viele kulturelle Veranstaltungen auch in Richtung der Bregenzer Festspiele oder die Schubertiade haben einen fixen Platz eingenommen und erfreuen sich bei den Gästen höchster Beliebtheit.
Das Authentische hat in Form des wunderschönen und gepflegten Bregenzerwälderhauses seinen unmittelbaren Ausdruck gefunden: Helles, Natur belassenes Holz in gediegen rustikalem Stil mit vielen liebevollen Wohnaccessoires verfeinert, zeigt die gelebte Tradition und Verbundenheit mit dem Land und seiner Kultur.
Erwin und Isabella Kasper können Ihre Philosophie ganz einfach darlegen: „Wir sind, wie wir sind," ist das Credo des sympathischen Ehepaares, „wir lieben diese Art von Lebensstil. Jedes Detail ist ehrlich eingesetzt. Wir leben diese Tradition – bei uns gibt es nichts „Aufgesetztes". So viel Persönlichkeit und Geschmack bleibt

nicht unbemerkt und man kann jedes Detail genießen. Apropos Genießen: Die Küche des Erwin Kasper, der in besten Häusern gekocht hat, bietet exzellente traditionelle Speisen an – allen voran das Wild aus den umliegenden Wäldern, das Erwin Kasper gekonnt zubereitet. Die Liebe zur Jagd und das jagdliche Können kommen von seinem Schwiegervater, der mit seiner Sorgfalt die beste Basis für die schmackhaften Wildgerichte liefert. Und wenn man dann eine Speise wie Rehschnitzel im Lebkuchenmantel mit gebratenen Schupfnudeln vor sich stehen hat, den herrlichen Geruch und die tadellose Präsentation wahrnimmt, dann hat man die Gewissheit, mit jedem Bissen Echtes und Wertgeschätztes zu sich zu nehmen. Das „Gämsle“ ist ein Plätzchen im Wald zum Verweilen, ein Platz persönlicher Kreativität, Geschmack und Stil verbunden mit einer echten Liebe zur Gastronomie, Freundlichkeit und Freude am bewussten Umgang mit der Natur.

MIT LEBKUCHENBRÖSEL GEBACKENE REHSCHNITZEL MIT WIRSINGBÄLLCHEN UND SCHUPFNUDELN

Zutaten
1 kg Rehschnitzel
150 g Lebkuchenbrösel
100 g Semmelbrösel
Mehl und Ei zum Panieren
Salz, Pfeffer, Butterschmalz

Schupfnudeln
1 kg mehlige Kartoffeln
50 g Butter
2 Eier
200 g griffiges Mehl
Salz, Muskatnuss, Butter

Wirsingbällchen
1 Kopf Wirsing
1-2 Schalotten
100 g Bauchspeck
etwas Butter, Weißwein
Gemüsefond, Salz, Pfeffer, Muskat

Zubereitung
Schnitzel klopfen, mit Salz, Pfeffer würzen, in der Mehl-Ei-Semmel-Lebkuchenbrösel-Mischung panieren und in Butterschmalz herausbacken. Für die Schupfnudeln Kartoffeln kochen, schälen, heiß passieren, etwas auskühlen lassen. Die warme Masse mit restlichen Zutaten zu einem Teig verarbeiten. Zwei Zentimeter dicke Stücke schneiden, mit der Handfläche zu ovalen Nudeln walzen. In Salzwasser „wallen“ lassen. Wenn die Nudeln an der Wasseroberfläche schwimmen, abseihen und in kaltem Wasser „abfrischen“. Abtropfen lassen, mit etwas Butter anbraten. Die großen Wirsingblätter vorsichtig entfernen, Strunk heraus schneiden, in Salzwasser blanchieren, abfrischen, auf einem Tuch trocken legen. Restlichen Wirsing fein schneiden, Schalotten und Speck in etwas Butter anschwitzen, Wirsing dazugeben, ebenfalls anschwitzen, mit Weißwein ablöschen und dem Gemüsefond aufgießen. Würzen und dünsten bis die Flüssigkeit verdunstet ist. Auskühlen lassen. Wirsingblätter in Formen (z.B. Schöpfkelle) legen, füllen, umgekehrt in eine Auflaufform setzen. Im Ofen zu Ende garen.

Gasthof Krönele | Lustenau

GASTHOF KRÖNELE
Reichsstraße 12
A-6890 Lustenau

Telefon + 43 (0) 55 77 / 821 18
Telefax + 43 (0) 55 77 / 821 18 - 50

Die Region am Bodensee besticht durch kulturelle Vielfalt und bietet für Sportler, Radler, Wanderer, Naturliebhaber oder Golfer alle Möglichkeiten zur Freizeitgestaltung.

Die Marktgemeinde Lustenau liegt im Herzen des Drei-Länder-Ecks und damit ist dort stets ein internationales Publikum geschäftlich oder privat unterwegs. Der Gasthof Krönele ist durch seine zentrale Lage ein idealer Platz um Quartier zu nehmen und herrlich zu speisen.

Das stattliche Rheintalhaus war ursprünglich eine Bäckerei und wurde 1875 als bäuerliche Gastwirtschaft eröffnet. Ein Gästebuch aus dem Jahre 1891 berichtet darüber, dass damals Agenten, Seifensieder und Küfer einkehrten. Die Tradition im Vier-Sterne-Haus Krönele, das bereits seit fünf Generationen jeweils von den Töchtern geführt wird, hat mit verstaubter Vergangenheit nichts zu tun, denn Frau Wilma und ihre Tochter Ulrike Fink denken jung, innovativ und richten sich stets nach den Bedürfnissen des Gastes.

In der Küche ist Horst Gerold bereits seit über 15 Jahren der Chef und baut seinen Speiseplan vor allem auf Vielseitigkeit auf. Vom preiswerten Mittagsmenü bis zum gehobenen Gourmetmenü reicht die Palette – wobei man aber großen Wert auf die Verwendung heimischer Produkte legt. Dies wird dadurch deutlich, dass das Hobby von Chef Otmar Staggl der Garten ist, der schon vom Großvater her gehegt und gepflegt wurde. Aus diesem eigenen Garten kommen die frischen Kräuter, die Salate, das Gemüse und herrliches Obst, das unter anderem zum berühmten Apfelstrudel frisch verarbeitet wird.

Ebenso sorgfältig behandelt man im Gasthof Krönele den Weinkeller, in dem ein reichhaltiges Sortiment an Spitzenweinen aus ganz Österreich vorrätig ist und auch für Liebhaber der italienischen, spanischen oder französischen Weine bietet der Keller Exklusives.
Die Zimmer des Gasthofes sind allesamt behaglich eingerichtet und mit Kabel TV, Schreibtisch, Minibar und Bad perfekt ausgestattet. Besondere Erholung und Entspannung findet der Gast in der hauseigenen Sauna, im Solarium oder dem Dampfbad mit angegliedertem Ruheraum. Für die professionelle Massage steht ein diplomierter Masseur zur Verfügung.
Die Vielfalt des Gasthofes Krönele sieht man auch in den gekonnten Arrangements für Hochzeiten, Familienfeiern, Geburtstagsfesten oder Seminaren, die stets in angenehmster Atmosphäre und in gepflegtem Ambiente erfolgreich abgewickelt werden. Das Bestreben der Familie Fink ist es, ihre Gäste perfekt zu umsorgen und zu verwöhnen.

REHTÖPFLE „KRÖNELE" MIT WALLNUSS-SPÄTZLE

Zutaten
600 g Rehfleisch
2 Schalotten, fein geschnitten
10 g grüne Pfefferkörner in der Lake
150 g Pilze nach Saison (Pfifferlinge, Austernpilze, Shi Take oder Champignons)
2 EL Preiselbeerkonfitüre
80 g Maroni ganz, gekocht
1/4 l Wildjus oder Bratensauce
1/4 l Sahne
1 Apfel, geschält, in Spalten geschnitten
etwas Olivenöl
4 cl Weinbrand
Pfeffer aus der Mühle
Mehl zum Bestauben

Zubereitung
Rehfleisch von Parüren und Sehnen befreien und zwei Millimeter dick schnetzeln. Fleisch würzen, melieren und in einer großen Pfanne sehr heiß anbraten. Fleisch reservieren, Schalotten leicht anschwitzen, Pilze hinzufügen und unter ständigen Schwenken die Maroni, Preiselbeeren und Pfefferkörner hinzugeben. Mit Weinbrand flambieren, mit Wildjus ablöschen und etwas einreduzieren lassen. Sahne hinzugeben, kurz köcheln lassen und abschmecken. Am Schluss die Apfelspalten und das Fleisch in der Sauce erhitzen und mit Wallnuss-Spätzle im Töpfle servieren. Als Gemüsebeilagen eignen sich Blaukraut, Sprossenkohl und glacierte Maroni.
Extra-Tipp: Statt Rehfleisch kann man auch Hirsch, Wild- Schwein, Fasan oder anderes Wildfleisch, das sich zum Kurzbraten eignet, verwenden.

Michelehof | Hard

MICHELEHOF
Familie Büchele
Marktstraße 26
A-6971 Hard

Telefon + 43 (0) 55 74 / 724 12
Telefax + 43 (0) 55 74 / 724 12 - 4

Schon seit 1838 ist der MicheleHof im Besitz der Familien Büchele, die stets Bauern waren und Landwirtschaft betrieben. Der Hofname stammt vom Vornamen Michael, denn schon die Urgroßväter des heutigen Besitzers wurden „Michel“ genannt.
Seit Generationen war das Brennen und die Veredelung von Früchten Bestandteil der täglichen Arbeit. Seit jedoch Herr Albert Büchele vor 12 Jahren den elterlichen Betrieb übernahm, hat sich diese Tätigkeit rasant zum Hauptgeschäft des Hofes entwickelt. Albert Büchele hat das Hobby zur Passion gemacht und dieses zur Perfektion gebracht. Er ist Unternehmer, Erfinder, Tüftler und Genießer in einer Person. Wichtig ist ihm, dass er sich seine eigenen Ziele stecken kann und damit die Grundlage für seine Lebensfreude schafft.
Diese Freude bringt wiederum ein Umfeld, in dem Herr Büchele seine Stärken entfalten kann und diese schlagen sich in seinen Top-Produkten an 30 verschiedenen Edelbränden oder neuerdings auch Schaumwein nieder.
„Man muss klein anfangen, probieren und alles überschaubar lassen. Es ist wichtig, langsam mit dem eigenen Unternehmen mit zu wachsen. Im ersten Jahr haben wir tausend Flaschen Birnensekt produziert – heute sind es viertausend Schaumweinflaschen.“ Albert Büchele ist ein absoluter Verfechter perfekter Qualität. „Wenn ein Produkt nicht so wird, wie ich es mir vorstelle, kommt es nicht auf den Markt“, so sein Credo. Hochwertiges, vollreifes Obst ist die Grundlage beim Brennen. Bereits bei der Auswahl der Obstqualität finden nur beste Früchte Verwendung und das Obst wird gänzlich von Hand sortiert und gewaschen. Obstsorten aus eigenem Anbau wie die für Vorarlberg klassische „Subira“, Summerred, McIntosh oder Alkmene finden vorrangig Verwendung.
Gault Millau bewertet die Edelbrände aus dem MicheleHof zuletzt mit 19 von 20 möglichen Punkten, weiters wurden 47 Goldmedaillen auf der Destillata an das Haus vergeben und sieben Mal wurde der Betrieb als Vorarlberger Brennerei des Jahres ausgezeichnet. Genau das ist auch der Grund, warum ausgesuchte und erstklassige Gastronomiebetriebe die Edelbrände des MicheleHofes stolz auf ihren Karten präsentieren.
Alle Brände erhält man ab Hof in 0,1 und 0,35 Liter Flaschen in schönen Geschenkkartons; für Schnaps-Degustationen bittet man um telefonische Terminvereinbarung. Zum Wohl!

Gasthof Rössle | Braz bei Bludenz

GASTHOF RÖSSLE
Familie Bargehr
A-6751 Braz bei Bludenz

Telefon + 43 (0) 55 52 / 281 05 - 0
Telefax + 43 (0) 55 52 / 281 05 - 6

Ruhetag: Montag (fallweise auch Dienstag)

Dieser traditionsreiche Gasthof hat eine fast 250-jährige Geschichte aufzuweisen und spielte seit jeher im Klostertal durch seine zentrale Lage neben der Kirche von Braz und durch die wirtschaftliche Macht der reichen Besitzer, die nebst dem Gasthof eine Fuhrhalterei betrieben, eine wichtige Rolle im Dorfleben. Kurz nach dem zweiten Weltkrieg übernahm Elmar Bargehr den Gasthof und baute das Haus liebevoll um: Stets im Bestreben, Altes vollwertig zu erhalten und Neuem Platz zu schaffen. Heute wird das Haus von Valentin, seiner Frau Rosi und seinem Bruder Martin geleitet. Die Gaststuben spiegeln eine geniale Kombination von feinstem, traditionellem Vorarlberger Stil mit Montafoner-Tischen und geschnitzter Holzdecke bis hin zu einer modernen, blau-weiß eingerichteten Gaststube mit „top-stylischem" Charakter wieder.
Valentin Bargehr, Eigentümer und Küchenchef des Rössle, arbeitete bei Roland Jöhri in St. Moritz und wirkte auch bei dessen Wildkochbuch mit. Ausgerüstet mit dieser tollen Erfahrung verwendet er heute ausschließlich österreichisches Wild für seine Wildspezialitäten wie Gams- oder Rehterrinen, Hirschrücken mit Mandelkruste, Rehrücken im Kräutermantel, Hasenpfeffer oder Wildschweingulasch. Die Philosophie seiner Kulinarik beschreibt Valentin Bargehr folgendermaßen: „Wir verwenden vorwiegend heimische Produkte und kommen in der Küche ohne „Convenience-Produkte" aus. Es ist alles hausgemacht – von der Marmelade, den Spätzle oder Nudeln bis hin zu den kalt gerührten Preiselbeeren." Weithin bekannt sind auch die wunderbaren Desserts des Hauses wie Moosbeerküchlein oder Apfel-Topfen-Omelettes.
Neben den Wildwochen, die stets sehr gut gebucht sind (es empfiehlt sich eine rechtzeitige Reservierung), veranstaltet Valentin Bargehr in den Monaten Oktober und November Wildkochkurse für private Köche, die sich ebenfalls höchster Beliebtheit erfreuen.

Seine Küche ist durchaus bodenständig, was Speisen wie Haussulz, Kalbsbeuschel oder gebackener Kalbskopf eindeutig beweisen. Sorbets oder hausgemachte Eisspezialitäten, die man während des Sommers im schattigen Garten mit Altbaumbestand genießen kann, runden das Programm ab. Edle Spirituosen und ausgesuchte Weine, die vorwiegend aus Österreich stammen, passen harmonisch zu den ausgezeichneten und frisch zubereiteten Gerichten.
Seit Jahren erkocht Valentin Bargehr immer wieder aufs Neue eine Haube im Gault Millau-Führer. Trotzdem besteht er darauf, dass der Gasthof Rössle weiterhin ein Wirtshaus bleibt. Das gemischte Publikum weiß die freundliche Atmosphäre des Familienbetriebes zu schätzen, in dem auch die Eltern von Valentin und Martin Bargehr tatkräftig mithelfen. Rosi und Martin sorgen mit ihrem schwungvollen und persönlichen Service für eine besonders gute Stimmung an den Tischen.

REHKEULE IN HEU & SALZKRUSTE GEBACKEN

Zutaten
1 kleine, ausgelöste Rehkeule
von ca. 900 g bis 1 kg
Salz, Pfeffer
Öl zum Braten
50 g Butter
je 1 Zweig Rosmarin & Thymian
5 Wachholderbeeren, zerstoßen
ca. 2 kg Meersalz
200 g Eiweiß (von ca. 6 – 8 Eiern)
6 dünne Scheiben Spickspeck
1 Hand voll Berwiesenheu
(von ungedüngter Wiese)

Zubereitung
Die Rehkeule mit Küchenschnur schön binden (vom Metzger vorbereiten lassen). Rehkeule mit Salz und Pfeffer würzen, im heißen Öl rundum gut anbraten. Das Fett abgießen, dann die Butter, die Kräuter und Wacholderbeeren dazugeben und die Keule gut mit der aufgeschäumten Butter übergießen. Kurz auskühlen lassen. Ein Backblech mit Alufolie auslegen. Das Meersalz mit dem Eiweiß gut vermischen und 1 1/2 cm hoch auf das Blech auftragen, Bergwiesenheu auf das Salz legen. Drei Scheiben Spickspeck darauflegen. Die Rehkeule von der Schnur befreien, auf die Speckscheiben legen. Mit den restlichen Speckscheiben abdecken, so dass sie rundum gut umhüllt ist. Das restliche angerührte Meersalz auf die Rehkeule auftragen, gut andrücken und glatt streichen. Rundherum in etwa 3 cm Höhe eine Kerbe anbringen (dies erleichtert später das Abheben des Deckels der Salzkruste). Die Rehkeule bei 220 °C etwa 35 Minuten im Ofen backen. Aus dem Ofen nehmen und weitere 20 Minuten ruhen lassen. Entlang der Kerbe einschneiden und den Deckel der Salzkruste abheben, die Keule vom Speck befreien und aufschneiden. Anrichten und dazu Soße & Beilagen nach Belieben reichen.

Gasthof Adler | Hohenems

GASTHOF ADLER
Kaiser Franz Josef-Straße 104
A-6845 Hohenems

Telefon + 43 (0) 55 76 / 722 92

Ruhetag: Dienstag
Betriebsferien: Oktober

Gleich vorweg: Lassen Sie sich von der etwas unscheinbaren Fassade des Hauses nicht täuschen, treten Sie ruhig ein, passieren Sie den schmucklosen Schankraum mit Resopaltischen, werfen Sie daneben einen Blick in die rustikale Vorarlberger Gaststube. Dann kommt das „Aha-Erlebnis“ der dritten Art: Sie stehen vor einer top gestylten Designer-Toilette mit mattiertem Glas, indirekter Beleuchtung und äußerst noblen, teuren Waschtischen, die jeder Klasse-Bar in New York alle Ehre machen würden.

Ungefähr so vielfältig wie die Architektur des etablierten Gasthofes ist auch die Küche, die von Martin Grießer, Besitzer und Geschäftsführer in der vierten Generation, mit perfektem Können und Verve geleitet wird. „Die Wahrheit liegt auf dem Teller“ ist das Motto des engagierten und äußerst kreativen Gastronomen. „Meine Orientierung ist der Markt und die jeweilige Saison,“ erklärt Martin Grießer seine Leitlinie, „ich lege bei jeder Speise allerhöchsten Wert auf die Qualität der Zutaten.“ Das gilt natürlich auch für das Wildbret, das nur aus der näheren Umgebung stammt und von Vorarlberger Metzgern für die Küche vorbereitet wird. Die Wild-

speisen werden im modernen Stil zubereitet: Steaks, rosa Kurzgebratenes; Betonung auf Hirschfleisch, welches besonders von den Gästen geschätzt wird. Saisonale Beilagen wie Pilze, Kürbis, Spargel oder Kohl werden zu delikaten, einfallsreichen Kreationen kombiniert. „Meine Kochrichtung ist modern, aber ohne Schnick-Schnack" ist Herrn Grießer wichtig, „unser Ziel ist die Zufriedenheit der Gäste." Dass dieses Ziel durchaus erreicht ist, beweist die Tatsache, dass auf den eingangs erwähnten Resopaltischen herrlichste 6-Gang-Menüs genossen werden – die passenden Weine findet man kaum woanders in ähnlicher Vielfalt, Menge und Qualität.
Die Beliebtheit des Gasthofes in ganz Vorarlberg legt eine vorherige Tischreservierung nahe. Viele Gäste sind von der schillernden Bandbreite der Kulinarik als auch der schrägen Architektur des „Adlers" höchst angetan.

HIRSCHFILET IM BERGHEU

Zutaten
1 Hirschfilet
ca. 1 Hand voll frisches Bergheu
frische Kräuer
Salz und Pfeffer

Zubereitung
Frisches Heu (Bergheu ist aromatischer und kräftiger im Geruch als Talheu), mit Kräutern vermengen und auf einer Folie (Alu- oder Backfolie) herrichten.
Das Hirschfilet zuputzen, würzen und scharf anbraten, kurz rasten lassen.
Auf das Heu legen und einpacken.
20 Minuten bei 220 °C ins Backrohr.
Geschlossen servieren und vor den Gästen auspacken und tranchieren. Passende Beilagen: Spätzle, Preiselbeerknödel, Herzoginkartoffelk, Blaukraut, Grünkohl, Wirsing, Preiselbeeren, Maroni ...

WILDENTE AUF SPINATSALAT

Zutaten
4 Wildentenbrüste von Flachsen und Fett befreien (parieren),
mit einer Masse aus
1 EL Honig,
1 EL Balsamicoessig

Zubereitung
klein gehackter Rosmarin und Thymian auf der Fleischseite bepinseln und 1 Stunde marinieren lassen. Würzen mit Salz, Pfeffer und In einer Pfanne kurz zuerst auf der Fleischseite anbraten, danach auf der Hautseite (ca. 2 Min). Nun ca. 15 Min ins Rohr bei 80 °C. Nebenbei jungen Blattspinat zuputzen und waschen und je nach Geschmack marinierten. (Empfehlung Birnenessig und Sesamöl). Spinatblätter flächig auflegen und Dekorationen wie Friséeblätter, Preiselbeeren, Zwetschgenkompott, Quittengelee,... herrichten. Wildentenbrüste nochmals scharf anbraten, kurz ruhen lassen, aufschneiden.

SCHOKOSOUFFLÉE

Zutaten
4 Formen
1/8 l Milch mit
20 g Butter
25 g Zucker
1 Prise Vanillezucker
40 g Mehl
50 g klein gehackte Edelbitteschokolade
2 Eidotter 2 Eiweiß und
1 kleine Prise Salz steif schlagen und unter die etwas erkaltete
Brandteigmasse heben.
4 Formen ausbuttern und auszuckern.

Zubereitung
Masse aufteilen, Milch mit Butter, Zucker und Vanillezucker aufkochen, Mehl hinzufügen und eine Einmach herstellten, von der Flamme nehmen, die Schokolade und Eidotter zu einem Brandteig verarbeiten. Eiweiß mit Salz steif schlagen und unter die erkaltete Brandteigmasse haben, 4 Formen ausbuttern und auszuckern, Masse aufteilen und bei 180 °C ca. 25 Min. backen. Dazu passende Beigaben (Orangen, verschiedene Kompotte, Eis, Früchte ...) in andere Formen einfüllen und anrichten. Sollte schon hergerichtet sein, wenn die Soufflées aus dem Ofen kommen. Schnell servieren!

Walser Wurst- und Fleischwaren | Meiningen

WALSER OHG
WURST- UND FLEISCHWAREN
Industriestraße 12
A-6812 Meiningen

Telefon + 43 (0) 55 22 / 713 87 - 0

Walser – Tradition, die verpflichtet, Qualität, die überzeugt! 1978 bis heute, das Brüderpaar Ludwig und Herbert Walser kann voll Stolz auf eine langjährige Firmengeschichte zurückblicken. Meilensteine wurden mit Neubauten in Meiningen, dem „ländleweiten" Auf- und Ausbau des Großhandels und mit der Schaffung von neuen Filialbetrieben, und zuletzt mit dem Neubau des Produktions-, Verwaltungs- und Mitarbeiterwohngebäudes im Jahre 2000, gesetzt. Das neue Betriebsgebäude beherbergt einen Zerlege- und Produktionsbetrieb, der den neuesten Trends und Normen in punkto Hygiene und tiergerechter Schlachtung entspricht. Hier sorgt man auch für die Herstellung von Fertiggerichten und dem „heißen" und „kalten" Party-Service rund ums Jahr. Die modernen Räucher- und Garanlagen, vor allem aber die hohe Fleischqualität und die meisterliche Umsetzung sorgen für hochwertige Produkte und größtmögliche Schonung der Umwelt. Isolde Walser, Gattin von Herbert Walser, führt die „Geschenks-Boutique" für kreative (Wurst-) Geschenke. Sie ist Gesamtsiegerin im internationalen Geschenksideen-Wettbewerb und wurde als Ehrenpreisträgerin der Republik Österreich und mit dem Innovationspreis der Österreichischen Fleischerzeitung ausgezeichnet. Dreimal wurde die Metzgerei Walser bei internationalen Fachwettbewerben mit ihren Spezialitäten aus der hauseigenen Wurst-, Speck- und Schinken- sowie der Convenienceproduktion zum „Ehrenpreisträger der Republik Österreich" mit Gold ausgezeichnet. „Mostbröckle" und „Jägerfleisch", eine trockengepökelte, luftgetrocknete Rindfleisch-Spezialität, zählen zu den besten seiner Art in Österreich und gehören damit zu den „Elite-Produkten in Österreich". Die Metzgerei Walser verarbeitet erstklassiges, heimisches Wildbret, geliefert ausschließlich von der Metzgerei Harald Fink aus Dornbirn, zu köstlichen Rohwurstprodukten. Hirsch-Landjäger und Hirsch-Kaminwurzen wurden mehrfach mit „Gold" bedacht. Wie auch die Hirsch-Salami, die Wild-Jagdwurst und Wild-Burenwurst, die zu den Top-Produkten des Hauses zählen. Ebenso wird die regionale Gastronomie, der Lebensmittelhandel und die eigenen Fachgeschäfte mit frischem Wildbret-Fleisch von Harald Fink in der Jagdsaison beliefert. Mit stets wachsendem Erfolg aufgrund der Qualität und des ausgezeichneten Preis-/Leistungsverhältnisses.

METZGEREI-WILDHANDEL HARALD FINK
Haselstauder Straße 15
A-6850 Dornbirn

Telefon + 43 (0) 55 72 / 287 44
Telefax + 43 (0) 55 72 / 352 96

Wildfleisch aus den herrlichen Berglandschaften Vorarlbergs wird in der Metzgerei und Wildhandelsfirma von Harald Fink auf das Beste zur Verfügung gestellt. Das fett- und cholesterinarme Wildbret ist leicht verdaulich und kann für viele Gerichte verwendet werden. Besonders die Gustostücke, von Harald Fink selbst gekonnt zerwirkt, eignen sich zum Kurzbraten und Grillen und liefern damit ihren Beitrag zu einer gesunden und höchst schmackhaften Variante auf den Speisetellern. Neben dem Metzgereibetrieb, der sich besonders um Kalbfleisch aus Vorarlberg sowie köstliche Wurst- und Schinkenerzeugungen aus eigener Produktion kümmert, betreibt Harald Fink auch seit 1990 einen regen Handel mit Wildfleisch, wobei pro Saison rund 25 Tonnen, die einer Stückzahl von 700 Tieren entsprechen, verarbeitet werden. Im eigenen, modernst ausgestatteten Betrieb wird das Wild fachgerecht zu küchenfertigen Produkten verarbeitet. Da Harald Fink selbst Jäger ist, kennt er die Vorzüge des heimischen Wildbrets. Er garantiert konstante und hohe Frische, wie auch Qualitätskriterien, denen man vertrauen kann. Hirsch, Reh, Gams, Fasan, Wildente und Wildhase stellen das vielfältige Programm und der Kunde kann auch, so er spezielle Wünsche aus freier Wildbahn hat, diese bei Harald Fink persönlich anmelden. In seinem Betrieb gelangt nur einwandfreies Wildbret zur Verarbeitung; von der Zerlegung bis zur Auslieferung wird auf strengste Hygiene und Einhaltung der Kühlkette geachtet.

Seine Gattin Waltraud Fink fertigt herrliche kalte Buffets, die, auf Platten appetitlich angerichtet, für jede Art von privaten oder firmeninternen Feierlichkeiten schmackhafte Anziehungspunkte sind. Dabei werden Wurst- und Schinkenwaren, wie auch Produkte aus dem Käsesortiment verwendet. Und auch das Wildbret ist hier dabei: Besonders erwähnenswert seien die Wildwürste oder der zarte Wildrohschinken. Für große und kleine Feste bieten Finks Ihren Grillservice an. Kühlwagen, Fritteusen oder Grill stehen zum Verleih bereit.

Wenn man einmal ein außergewöhnliches Geschenk sucht, das auch noch gut munden soll, dann ist man bei Familie Fink ebenso richtig: Waltraud Fink drapiert Wurst- und Selchwaren zu originellen und auffälligen Geschenkarrangements, die sicher für Freude bei dem Beschenkten sorgen werden – gefüllte Tontöpfle oder ein Wurststrauß sind lustige Mitbringsel für jeden Anlaß.

Kulinarische Empfehlungen

178 **Adler, Restaurant Gasthof**
Hof 15
A-6867 Schwarzenberg
Telefon + 43 (0) 55 12 / 29 66
Telefax + 43 (0) 55 12 / 296 66
adler.schwarzenberg@aon.at

194 **Adler, Gasthof**
Kaiser Franz Josef-Straße 104
A-6845 Hohenems
Telefon + 43 (0) 55 76 / 722 92
martin-adler@gmx.at
www.adlerhohenems.com

156 **Alpin, Genießerwirtshaus Hotel**
A-6215 Achenkirch 35
Telefon + 43 (0) 52 46 / 68 00
Telefax + 43 (0) 52 46 / 680 04
hotel@geniesserwirtshaus-alpin.at
www.geniesserwirtshaus-alpin.at

76 **Berghof Danter**
Lichtenberg 3
A-4880 St.Georgen im Attergau
Telefon + 43 (0) 76 67 / 65 55
Telefax + 43 (0) 76 67 / 80 81
office@berghof-danter.at
www.berghof-danter.at

30 **bittermann**
Abt Bruno Heinrich-Platz 1
A-2464 Göttlesbrunn
Telefon + 43 (0) 21 62 / 811 55
office@vikerlslokal.at
www.vikerlslokal.at

32 **Breughelhof, Landgasthaus**
Rechte Bahnzeile 9
A-2483 Ebreichsdorf
Telefon & Telefax + 43 (0) 22 54 / 723 38
breughelhof@aon.at
www.breughelhof.at

180 **Burg Hotel Oberlech GmbH & Co. KG**
A-6764 Lech am Arlberg
Telefon + 43 (0) 55 83 / 229 10
Telefax + 43 (0) 55 83 / 22 91 12
info@burghotel.at
www.burghotel.at

70 **Danzer, Hotel Gasthof**
Höhnharterstraße 19
A-5252 Aspach
Telefon + 43 (0) 77 55 / 706 60
Telefax + 43 (0) 77 55 / 70 66 69
info@hotel-danzer.at
www.hotel-danzer.at

140 **Dorfhotel Schönleitn & Seeleitn**
Buchungsstelle Österreich
Telefon + 43 (0) 42 54 / 238 40
Telefax + 43 (0) 42 54 / 238 44 04
info@dorfhotel.com
www.schoenleitn.at und www.seeleitn.at

58 **Dorfstraßen-Hotel Johannes-Zeche**
Florianigasse 10
A-7142 Illmitz
Telefon + 43 (0) 21 75 / 23 35
Telefax + 43 (0) 21 75 / 233 55
tauber-johannes-zeche@burgenland.org
www.johannes-zeche.at

74 **Erdäpfelhof Landhotel Rankleiten**
Dürndorf 58
A-4643 Pettenbach im Almtal
Telefon + 43 (0) 75 86 / 88 19
Telefax + 43 (0) 75 86 / 881 96
info@rankleiten.at
www.rankleiten.at

54 **Esterházy Forst- und Naturmanagement**
Esterházyplatz 5
A-7000 Eisenstadt
Telefon + 43 (0) 26 82 / 630 04 41
Telefax + 43 (0) 26 82 / 630 04 59
forst@esterhazy.at
www.esterhazy.at

197 **Harald Fink, Metzgerei Wildhandel**
Haselstauder Straße 15
A-6850 Dornbirn
Telefon + 43 (0) 55 72 / 287 44
Telefax + 43 (0) 55 72 / 352 96
metzgerei.fink@aon.at
www.metzgerei-fink.at

64 **Fischgasthof Aumüller**
A-4131 Obermühl 13
Telefon + 43 (0) 72 86 / 72 16
Telefax + 43 (0) 72 86 / 72 16 19
info@fischgasthof.at
www.fischgasthof.at

126 **Forstverwaltung Kletschach**
Kletschach 60
A-8712 Gemeinde Proleb
Telefon + 43 (0) 38 42 / 81 13 30
Telefax + 43 (0) 38 42 / 81 13 36
b.blin@aon.at
www.jagd-online.de, www.wildbret.at

66 **Furtner-Wirt**
Maasbach 5
A-4980 Antiesenhofen
Telefon + 43 (0) 77 67 / 247
furtner-wirt@aon.at

155 **Gamskogelhütte**
Windautal, Hinterwindau 97
A-6363 Westendorf
Telefon + 43 (0) 66 41 / 62 94 95

72 **Grünberg am See, Landhotel Gasthof**
Traunsteinstraße 109
A-4810 Gmunden
Telefon + 43 (0) 76 12 / 777 00
Telefax + 43 (0) 76 12 / 777 00 33
gruenberg@vpn.at
www.gruenberg.at

92 **Guglhof, Brennerei**
Davisstraße 13
A-5400 Hallein
Telefon + 43 (0) 62 45 / 806 21
Telefax + 43 (0) 62 45 / 846 26
office@guglhof.at
www.guglhof.at

36 **Hawlik's Schlemmereck**
Hauptstraße 1
A-2540 Bad Vöslau
Telefon & Telefax + 43 (0) 22 52 / 753 88
hawlik.schlemmereck@aon.at
www.schlemmereck.at

116 **Hensle, Gasthof**
Markt 43
A-8933 St. Gallen
Telefon + 43 (0) 36 32 / 717 10
Telefax + 43 (0) 36 32 / 71 71 23
office@hensle.at
www.hensle.at

38 **Hoadkeller, Landgasthof**
Hoadweg 31
A-2203 Putzing
Telefon + 43 (0) 22 45 / 35 21
Telefax + 43 (0) 22 45 / 352 14
www.hoadkeller.at

95 **Hohlwegwirt, Gasthof**
Salzburgerstraße 84
A-5400 Hallein-Taxach
Telefon + 43 (0) 62 45 / 82 41 50
Telefax + 43 (0) 62 45 / 824 15 72
Gasthof@Hohlwegwirt.at
www.hohlwegwirt.at

40 **Ipsmiller, Weingut**
Hauptstraße 10
A-2172 Schrattenberg
Telefon & Telefax + 43 (0) 25 55 / 25 15
office@weingut-ipsmiller.at
www.weingut-ipsmiller.at

160 **Jagdhof, Spa-Hotel**
A-6167 Neustift-Stubaital
Telefon + 43 (0) 52 26 / 26 66
Telefax + 43 (0) 52 26 / 266 65 03
mail@hotel-jagdhof.at
www.hotel-jagdhof.at

68 **Jägerwirt, Gasthof**
Oberer Markt 24
A-4332 Au an der Donau
Telefon 00 43 (0) 72 62 / 585 14
Telefax 00 43 (0) 72 62 / 58 51 49
www.oberoesterreich.at/jaegerwirt-au

142 **Kanonenhof – Das Wirtshaus**
Landesstraße 1
A-9073 Viktring-Klagenfurt
Telefon & Telefax + 43 (0) 46 3 / 556 65

164 **Karlsteg, Gasthof**
Dornauberg 2
A-6296 Ginzling
Telefon + 43 (0) 52 85 / 52 50
Telefax + 43 (0) 52 85 / 525 05
info@karlsteg.at
www.karlsteg.at

102 **Kerschbaumer, Gasthof-Restaurant**
Gappen 43
A-5523 Annaberg-Lungötz
Telefon + 43 (0) 64 63 / 703 40
Telefax + 43 (0) 64 63 / 703 44
info@kerschbaumer.at
www.kerschbaumer.at

166 **Kirchenwirt, Gasthof**
Neugasse 14
A-6365 Kirchberg
Telefon + 43 (0) 53 57 / 28 52
Telefax + 43 (0) 53 57 / 377 37
kirchenwirt.kirchberg@a1.net
www.kirchenwirt.co.at

24 **Kirch`nwirt**
Hervicusgasse 17
A-1120 Wien
Telefon + 43 (0) 664 / 422 22 41
alfons.hradil@a1.net
www.kirchenwirt-hetzendorf.at

127 **Kollar-Göbl KG, Spezialitätenfleischerei**
Hauptplatz 10
A-8530 Deutschlandsberg
Telefon + 43 (0) 34 62 / 26 42
Telefax + 43 (0) 34 62 / 26 42 15
kollar.goebl@aon.at
www.kollar-goebl.at

184 **Krönele, Gasthof 184**
Reichsstraße 12
A-6890 Lustenau
Telefon + 43 (0) 55 77 / 821 18
Telefax + 43 (0) 55 77 / 821 18 50
gasthof@kroenele.com
www.kroenele.com

188 **Löwen, Gasthof & Montafoner Hof, Hotel**
A-6774 Tschagguns/Montafon
Telefon + 43 (0) 55 56 / 710 00
Telefax + 43 (0) 55 56 / 710 06
info@montafonerhof.com
www.montafonerhof.com

186 **Michelehof**
Marktstraße 26
A-6971 Hard
Telefon + 43 (0) 55 74 / 724 12
Telefax + 43 (0) 55 74 / 72 41 24
michelehof@aon.at
www.michelehof.at

94 **Johann Obauer, Fleischerei & Pension**
Markt 36
A-5450 Werfen
Telefon + 43 (0) 64 68 / 522 40
Telefax + 43 (0) 64 68 / 52 24 18
fleischhauerei@obauer.at
www.obauer.at

63 **Oberöstereichischer Landesjagdverband**
Schloss Hohenbrunn
Hohenbrunn 1
A-4490 St. Florian
Telefon + 43 (0) 72 24 / 200 83
Telefax + 43 (0) 72 24 / 200 83 15
office@jagdverbooe.at
ooe.jaeger@jagdverband-ooe.at

100 **Orania-Stüberl**
Harlander & Sagmeister OEG

Bahnhofsplatz 2b
A-5640 Bad Gastein
Telefon & Telefax + 43 (0) 64 34 / 62 64
hasaoeg@sbg.at

128 **Pichlmayrgut, Hotel**
A-8973 Pichl bei Schladming
Telefon + 43 (0) 64 54 / 73 05
Telefax + 43 (0) 64 54 / 73 05 50
info@pichlmayrgut.at
www.pichlmayrgut.at

144 **Prechtlhof, Hotel-Restaurant**
Schobitzstraße 1
A-9330 Althofen
Telefon + 43 (0) 42 62 / 26 14 od. 26 17
Telefax + 43 (0) 42 62 / 241 74
hotel@prechtlhof.com
www.prechtlhof.com

190 **Rankweiler Hof**
Ringstraße 25
A-6830 Rankweil
Telefon & Telefax + 43 (0) 55 22 / 441 13
office@rankweiler-hof.com
www.rankweiler-hof.com

22 **Reichenberger Griechenbeisl**
Fleischmarkt 11
A-1010 Wien
Telefon + 43 (0) 1 / 533 19 77
Telefax + 43 (0) 1 / 533 19 77 12
office@griechenbeisl.at
www.griechenbeisl.at

96 **Reitsamerhof, Landgasthof**
A-5452 Werfen-Imlau
Telefon + 43 (0) 64 68 / 537 90
Telefax + 43 (0) 64 68 / 537 94
office@reitsamerhof.at
www.reitsamerhof.at

192 **Rössle, Gasthof**
A- 6751 Braz bei Bludenz
Telefon + 43 (0) 55 52 / 28 10 50
Telefax + 43 (0) 55 52 / 28 10 56
office@roesslebraz.at
www.roesslebraz.at

104 **Rosenberger Catering GmbH**
Neuberg 128
A-5532 Filzmoos
Telefon + 43 (0) 64 53 / 201 29
Telefax + 43 (0) 64 53 / 201 39
catering@rosenberger.cc

168 **Roßmoos, Gasthaus**
A-6236 Alpbach 92
Telefon + 43 (0) 53 36 / 53 05
Telefax + 43 (0) 53 36 / 53 05 20
gasthaus-rossmoos@utanet.at
www.rossmoos.at

34 **Sauerhof, Grand Hotel**
Weilburgstraße11–13
A-2500 Baden
Telefon + 43 (0) 22 52 / 41 25 10
Telefax + 43 (0) 22 52 / 480 47
reservation@sauerhof.at
www.sauerhof.at

146 **Schloss Mageregg, Restaurant**
Mageregger Straße 177
A-9020 Klagenfurt
Telefon + 43 (0) 46 34 / 193 50
Telefax + 43 (0) 46 34 / 19 35 05
js.mageregg@aon.at

42 **Schloss Niederweiden**
A-2294 Schlosshof 1
Telefon + 43 (0) 22 85 / 200 00
Telefax + 43 (0) 22 85 / 200 00 21
office@schlosshof.at
www.festschlosshof.at

52 **Weingut Esterházy**
Schloss Esterházy
A-7000 Eisenstadt
Telefon + 43 (0) 26 82 / 633 48
Telefax + 43 (0) 26 82 / 633 48 16
weingut@esterhazy.at
www.esterhazy.at

148 **Schloss Wolfsberg, Café & Restaurant**
A-9400 Wolfsberg
Telefon + 43 (0) 43 52 / 303 46
Telefax + 43 (0) 43 52 / 23 65 21
schloss@restaurant-reinisch.at
www.restaurant-reinisch.at

159 **Sigwart`s Tiroler Weinstuben**
Marktstraße 40
A-6230 Brixlegg
Telefon + 43 (0) 53 37 / 633 90
tiroler-weinstuben@aon.at
www.tiroler-weinstuben.at

170 **Stern, Gasthof Pension**
A-6655 Steeg
Telefon + 43 (0) 56 33 / 56 44 od. 53 55
Telefax + 43 (0) 56 33 / 564 43
info@gasthof-stern.at
www.gasthof-stern.at

78 **Stroheimer Hof KEG**
A-4070 Stroheim 1
Telefon + 43 (0) 72 72 / 62 17
Telefax + 43 (0) 72 72 / 621 77
gasthof@stroheimerhof.at
www.stroheimerhof.at

122 **Tourismusregion Nationalpark Gesäuse**
Hauptstraße 35
A-8911 Admont
Telefon + 43 (0) 36 13 / 211 60 10
Telefax + 43 (0) 36 13 / 211 60 40
info@xeis.at
www.xeis.at

Naturpark Steirische Eisenwurzen
A-8933 St. Gallen
Telefon + 43 (0) 36 32 / 77 14
Telefax + 43 (0) 36 32 / 77 14 10
naturpark@eisenwurzen.com
www.eisenwurzen.com

46 **Traun´sche Forstverwaltung**
Rudolfgasse 1
A-2120 Wolkersdorf
Telefon + 43 (0) 22 45 / 22 06
Telefax + 43 (0) 22 45 / 22 06 22
www.atf.at

138 **Villacher Brauhof**
Bahnhofstraße 8
A-9500 Villach
Telefon + 43 (0) 42 42 / 242 22
Telefax + 43 (0) 42 42 / 24 22 25
villacherbrauhof@utanet.at

196 **Walser OHG, Wurst- und Fleischwaren**
Industriestraße 12
A-6812 Meiningen
Telefon + 43 (0) 55 22 / 71 38 70
Telefax + 43 (0) 55 22 / 713 87 20
office@walser-metzgerei.at
www.walser-metzgerei.at

56 **Weinlaubenhof Kracher KG**
Apetlonerstraße37
A-7142 Illmitz
Telefon + 43 (0) 21 75 / 33 77
Telefax + 43 (0) 21 75 / 337 74
office@kracher.at
www.kracher.at

98 **Weixen, Landgasthaus**
Seidelwinkelstraße 114
A-6551 Rauris
Telefon + 43 (0) 65 44 / 64 37
Telefax + 43(0) 65 44 / 643 74
weixen@aon.at
www.weixen.at

173 **Wiedersberger Horn, Gasthof**
A-6236 Inneralpbach 206
Telefon + 43 (0) 53 36 / 56 12
Telefax + 43 (0) 53 36 / 56 12 39
hotel@wiedersbergerhorn.com
www.wiedersbergerhorn.com

106 **Wildhandel Wieser KEG**
Ebnerwirtweg 152a
A-5531 Eben im Pongau
Telefon + 43 (0) 664 / 181 80 72
Telefax + 43 (0) 64 58 / 200 59
wildhandel.wieser@utanet.at

108 **Winterstellgut**
Braunötzhof 4
A-5524 Annaberg
Telefon + 43 (0) 64 63 / 60 07 80
Telefax + 43 (0) 64 63 / 600 78 10
willkommen@winterstellgut.at
www.winterstellgut.at

80 **„Wirt am Markt“, Gasthaus**
Hofmarkt 33
A-4753 Taiskirchen
Telefon + 43 (0) 77 64 / 84 02

Telefax + 43 (0) 77 64 / 840 24
info@gasthaus-ziegler.at
www.gasthaus-ziegler.at

125 **Xeis Edelwild**
Markt 35
A-8933 St. Gallen
Telefon + 43 (0) 36 32 / 77 14
Telefax + 43 (0) 36 32 / 771 40
info@xeis.st
www.xeis.st

130 **Zaunmüller, Restaurant**
Zeltwegerstraße 1
A-8741 Weißkirchen
Telefon + 43 (0) 35 77 / 822 08
Telefax + 43 (0) 35 77 / 822 08 90
tavos-wild@dre.at

14 **Zentralstelle Österreichischer Landesjagdverbände**
Wickenburggasse 3
A-1080 Wien
Telefon + 43 (0) 1 / 405 16 36
Telefax + 43 (0) 1 / 405 16 36 28
jagd@ljv.at
www.ljv.at

82 **Zipfer-Stub'n, Restaurant**
Exelwöhr 41
A-4871 Zipf
Telefon + 43 (0) 76 82 / 23 59

150 **Zocklwirt, Gasthaus**
Gaisrückenstraße 77
A-9210 Pörtschach
Telefon + 43 (0) 42 72 / 21 20
Telefax + 43 (0) 42 72 / 28 10
www.zocklwirt.at

110 **„Zum Bierführer", Herberge und Spezialitätengasthof**
A 5622 Goldegg am See
Telefon + 43 (0) 64 15 / 81 02
Telefax + 43 (0) 64 15 / 81 02 22
info@bierfuehrer.sbg.at
www.bierfuehrer.sbg.at

84 **Zum Edi, Landgasthaus**
St. Oswalderstraße 3
A-4293 Gutau
Telefon + 43 (0) 79 46 / 63 02
zumEdi@hotmail.com

182 **Zum Gämsle, Hotel Wirtshaus**
Hinterm Stein
A-6886 Schoppernau
Telefon + 43 (0) 55 15 / 300 62
Telefax + 43 (0) 55 15 / 300 26
hotel@gaemsle.at
www.gaemsle.at

44 **Zum Goldenen Hirschen, Landgasthof**
Landstraße 1
A-3462 Bierbaum am Kleebühel
Telefon + 43 (0) 22 78 / 25 38
Telefax + 43 (0) 22 78 / 253 84
Stephan.solich@utanet.at
www.tiscover.at/dawirt

118 **„Zum Harmonika Waldi", Gasthaus**
Wandau 9
A-8920 Hieflau
Telefon + 43 (0) 36 34 / 247
Telefax + 43 (0) 36 34 / 24 74
wirt@xeiswaldi.at
www.xeiswaldi.at

120 **„Zum Jägerwirt", Gasthof**
Hauptplatz 2
A-8630 Mariazell
Telefon + 43(0) 38 82 / 23 62
Telefax + 43 (0) 38 82 / 43 53
jaegerwirt@mariazell.at
www.mariazell.at/jaegerwirt

20 **Zum Kamptaler, Gasthaus**
Sonnwendgasse 21
A-1100 Wien
Telefon + 43 (0) 1 / 604 10 09
Telefax + 43 (0) 1 / 907 60 36
gasthaus.kamptaler@utanet.at
www.kamptaler.at

132 **„Zur Klause", Gasthof**
Filzmoos 32
A-8673 Ratten
Telefon & Telefax + 43 (0) 31 73 / 24 48
ratten@zurklause.at
www.zurklause.at

172 **Zur Post, Gasthof**
Im Alpenpark Karwendel
A-6215 Hinterriß
Telefon + 43 (0) 52 45 / 206
Telefax + 43 (0) 52 45 / 20 64
info@post-hinterriss.at
www.post-hinterriss.at

Verzeichnis der Rezepte

ISBN 3-86528-313-6

ISBN 3-86528-314-4

ISBN 3-86528-315-2

ISBN 3-86528-327-6

KULINARISCHE ENTDECKUNGSREISEN ...

... DURCH DIE SCHÖNSTEN URLAUBSREGIONEN

ISBN-13: 978-3-86528-343-6
ISBN-10: 3-86528-343-8

ISBN-13: 978-3-86528-341-2
ISBN-10: 3-86528-341-1

ISBN-13: 978-3-86528-333-7
ISBN-10: 3-86528-333-0

ISBN-13: 978-3-86528-322-1
ISBN-10: 3-86528-322-5

ISBN 3-86528-311-X

ISBN 3-86528-328-4

ISBN-13: 978-3-86528-321-4
ISBN-10: 3-86528-321-7

ISBN 3-86528-303-9
23,5 cm x 27 cm

ISBN-13: 978-3-86528-342-9
ISBN-10: 3-86528-342-X
23,5 cm x 27 cm

ISBN-13: 978-3-86528-339-9
ISBN-10: 3-86528-339-X
23,5 cm x 27 cm

ISBN 3-86528-317-9
23,5 cm x 27 cm

ISBN 3-86528-329-2
23,5 cm x 27 cm

Im Sommer und Herbst 2006 erscheinen ...

Andreas Neubert, Lisa Wieser
Wildküche – Pfalz, Kurpfalz, Odenwald
ca. 120 Seiten, 250 Farbfotos, Rezepte und 1 Karte
ISBN-13: 978-3-86528-345-0
ISBN-10: 3-86528-345-4
€ (D) 29,90, € (A) 30,80, CHF 48,00

Magdalena Ringeling, Charles de Beaulieu
Eine kulinarische Entdeckungsreise durch Münsterland und Osnabrücker Land
ca. 200 Seiten, 350 Farbfotos, Rezepte und 1 Karte
ISBN-13: 978-3-86528-338-2
ISBN-10: 3-86528-338-1
€ (D) 29,90, € (A) 30,80, CHF 48,00

Barbara Kagerer, Thomas Nehm, Johann Scheibner
Eine kulinarische Entdeckungsreise durch München, Oberbayrische Seenlandschaft und das Altmühltal
ca. 264 Seiten, 450 Farbfotos, Rezepte und 1 Karte
ISBN-13: 978-3-86528-340-5
ISBN-10: 3-86528-340-3
€ (D) 34,90, € (A) 35,90, CHF 56,00

Katja Mutschelknaus, Christian Schneider
Eine kulinarische Entdeckungsreise durch Kärnten – vom Lesachtal zum Wörthersee
ca. 200 Seiten, 400 Farbfotos, Rezepte und 1 Karte
ISBN-13: 978-3-86528-335-1
ISBN-10: 3-86528-335-7
€ (D) 34,90, € (A) 35,90, CHF 56,00

Hans-Jörg Vogler, Gabriele Bender
Eine kulinarische Entdeckungsreise durch Westfalen
ca. 256 Seiten, 450 Farbfotos, Rezepte und 1 Karte
ISBN-13: 978-3-86528-348-1
ISBN-10: 3-86528-348-9
€ (D) 34,90, € (A) 35,90, CHF 56,00

Björn Kray Iversen
Spitzenweingüter Deutschlands
ca. 200 Seiten, 400 Farbfotos, Rezepte und 1 Karte
ISBN-13: 978-3-86528-336-8
ISBN-10: 3-86528-336-5
€ (D) 39,90, € (A) 41,10, CHF 64,00

Günther Schreiber, Gerhard Friedrich Kunz
Trends und Lifestyle in Wien und Umgebung – Besonderheiten einer Großstadt
ca. 240 Seiten, 450 Farbfotos, Rezepte und 1 Karte
ISBN-13: 978-3-86528-351-1
ISBN-10: 3-86528-351-9
€ (D) 34,90, € (A) 35,90, CHF 56,00

Martine Maurer, Lily Grynstock, Xenia Blum
Eine kulinarische Entdeckungsreise durch Wien – Internationale Küche
ca. 168 Seiten, 350 Farbfotos, Rezepte und 1 Karte
ISBN-13: 978-3-86528-350-4
ISBN-10: 3-86528-350-0
€ (D) 29,90, € (A) 30,80, CHF 48,00

Silke Martin, Rainer Kussler
Eine kulinarische Entdeckungsreise durch das Bergische und Oberbergische Land, Siegerland und Sauerland
ca. 200 Seiten, 400 Farbfotos, Rezepte und 1 Karte
ISBN-13: 978-3-86528-347-4
ISBN-10: 3-86528-347-0
€ (D) 29,90, € (A) 30,80, CHF 48,00

Roland Spoerri, Björn Kray Iversen
Eine kulinarische Entdeckungsreise durch Zürich und Umgebung
ca. 176 Seiten, 350 Farbfotos, Rezepte und 1 Karte
ISBN-13: 978-3-86528-346-7
ISBN-10: 3-86528-346-2
€ (D) 29,90, € (A) 30,80, CHF 48,00

Christiane Freuck, Kurt Ries, Gabriele Walter
Eine kulinarische Entdeckungsreise auf Rügen und Usedom
ca. 176 Seiten, 350 Farbfotos, Rezepte und 1 Karte
ISBN-13: 978-3-86528-349-8
ISBN-10: 3-86528-349-7
€ (D) 29,90, € (A) 30,80, CHF 48,00

Alle Titel erhalten Sie bei Ihrer örtlichen Buchhandlung. Für weitere Informationen über unsere Reihe wenden Sie sich direkt an den Verlag:

UMSCHAU

Neuer Umschau Buchverlag | Theodor-Körner-Straße 7 | 67433 Neustadt/Weinstraße
Telefon 0 63 21/877-852 | Telefax 0 63 21/877-859
e-mail: info@umschau-buchverlag.de | www.umschau-buchverlag.de

Impressum

Layout
komplus GmbH, Heidelberg

Satz und Reproduktion
Pixabilities, Peter Alscher, Wien

PIXABILITIES
EVERY IDEA ITS DESIGN
www.pixabilities.com

Texte
Martine Maurer, Wien

Fotografie
Stefan Gergely, Tribuswinkel
Assistenz Günther Metzger, Sabine Freude
www.gergely.cc

Karte
Thorsten Trantow, Kenzingen
www.trantow-atelier.de

Druck und Verarbeitung
Nino Druck GmbH, Neustadt/Lachen-Speyerdorf

Herausgeberin
Katharina Többen, Neckargemünd

Lektorat
Monika Stumpf

Printed in Germany
ISBN-13: 978-3-86528-323-8
ISBN-10: 3-86528-323-3

Die Ratschläge in diesem Buch sind vom Autor und dem Verlag sorgfältig erwogen und geprüft, dennoch kann eine Garantie nicht übernommen werden. Eine Haftung der Autoren und des Verlages für Personen-, Sach- und Vermögensschäden ist ausgeschlossen. Die Rezepte sind üblicherweise für 4 Personen ausgerichtet.

Titelfotografie
Gamsschlegel mit Wacholderrahmsauce,
zubereitet in Sigwart´s Tiroler Weinstuben, Brixlegg.

Wir bedanken uns für die uns freundlicherweise zur Verfügung gestellten Fotos bei:

Zentralstelle Österreichischer Landesjagdverbände (S.14f), Georg Tschannett (S.17), Roman Milert (S.19 oben), Andreas Kirschner (S.27), Gerhard Führing (S.28 unten), Niederösterreich-Werbung GmbH (S.27 oben, S.28 oben, S.29), Grand Hotel Sauerhof (S.34 oben), Traun`sche Forstverwaltung (S.46f), NTG-Mike Ranz (S.48, S.49, S.50 unten, S.51 links oben, Mitte, unten), Nationalpark Neusiedler See Seewinkel (S.50 oben, S.51 oben rechts, Mitte), Weingut Kracher (S.56f), OÖ.Tourismus/Erber (S.59, S.61 unten), OÖ.Tourismus/Wiesenhofer (S.60 oben), OÖ. Tourismus/Heilinger (S.60 unten), OÖ.Tourismus/Kapfer (S.62 oben rechts), OÖ.Tourismus/Zak (S.62 unten), OÖ.Werbung/Himsl (S.61 oben, S.62 oben), Oberösterreichischer Landesverband (S.63), Berghof Danter (S.76 oben), Stroheimerhof (S.78 oben, S.79 unten), Wirt am Markt (S.80f), Rauris Tourismus GmbH (S.87, S.88 oben, Mitte, S.89 Mitte, unten, S.90), Rosenberger Catering (S.104f), Wieser KEG (S.106f), Winterstellgut (S.108 oben), Tourismusregion Nationalpark Gesäuse (S.122ff), Xeis Edelwild GmbH (S.125), Gernot Krautberger (S.135), Hannes Strasser (S.137 rechts), Martin Guenther (S.137 oben), Prechtlhof (S.144 unten, S.145 oben), Gamskogelhütte (S.155), Spa-Hotel Jagdhof (S.160ff), Kirchenwirt (S.166, S.167 oben), Gasthof Roßmoos (S.169 oben), Michael Müseler (S.174 oben), Bruno Cravos (S.175), Galnya Andrushko (S.176 oben), jfmdenice (S.176 unten), Roman Krochuk (S.177 oben), Uwe Petzl (S.177), Gasthof Gämsle (S.182 unten), Gasthof Löwen & Montafoner Hof (S.188 und S.189 oben), Gasthof Adler (S.194 und S.195 oben).

Besuchen Sie uns im Internet
www.umschau-buchverlag.de

Martine Maurer

Stefan Gergely